S. M. Kamruzzaman

Conceção de protocolos de encaminhamento para redes ad hoc de rádio cognitivo

S. M. Kamruzzaman

Conceção de protocolos de encaminhamento para redes ad hoc de rádio cognitivo

ScienciaScripts

Imprint

Cover image: www.ingimage.com

This book is a translation from the original published under ISBN 978-3-659-89079-6.

Publisher:
Sciencia Scripts
is a trademark of
Dodo Books Indian Ocean Ltd. and OmniScriptum S.R.L publishing group

120 High Road, East Finchley, London, N2 9ED, United Kingdom
Str. Armeneasca 28/1, office 1, Chisinau MD-2012, Republic of Moldova, Europe
Managing Directors: Ieva Konstantinova, Victoria Ursu
info@omniscriptum.com

Printed at: see last page
ISBN: 978-620-8-58578-5

Conceção de protocolos de encaminhamento para redes Rádio Cognitivo Ad Hoc

por

S. M. Kamruzzaman

Resumo

O encaminhamento é uma das questões mais importantes nas redes ad hoc multihop. No encaminhamento para redes móveis de rádio cognitivo (CR), pode ser estabelecida uma rota eficiente tendo em conta a energia limitada do utilizador CR alimentado por bateria e a atividade do utilizador primário. Tendo em conta as limitações de energia dos utilizadores CR e para evitar custos adicionais de hardware, centramo-nos no caso em que os utilizadores CR estão equipados com uma única interface de rádio, que pode funcionar em qualquer canal num determinado momento num ambiente multicanal.

Nesta dissertação, identificamos questões relacionadas com as camadas 2 e 3 da pilha de protocolos na conceção de um protocolo de encaminhamento para redes ad hoc CR multihop. Em primeiro lugar, desenvolvemos um esquema de controlo de acesso ao meio (MAC) baseado em programação que pode utilizar vários canais de forma oportunista e assegurar uma transmissão sem contenção com uma única interface de rádio.

Em seguida, propomos um protocolo de encaminhamento consciente do espetro e da energia (SER) para a rede em questão. O protocolo envolve conjuntamente a seleção de rotas e a atribuição de canais e slots de tempo. Baseia-se no encaminhamento dinâmico da fonte e pode estabelecer rotas a pedido com largura de banda reservada. O protocolo SER proposto pode equilibrar o consumo de energia, reduzir a sobrecarga de encaminhamento, eliminar a contenção entre nós e decompor os tráfegos em diferentes canais e intervalos de tempo.

Por fim, avaliamos o desempenho do protocolo proposto através de uma simulação exaustiva, que mostra que a abordagem proposta atinge uma maior taxa de transferência do sistema, um tempo de vida mais longo da rede e um menor atraso das mensagens.

Agradecimentos

Antes de mais, apresento a minha sincera gratidão a Deus Todo-Poderoso pelas Suas bênçãos que me permitiram realizar este trabalho com êxito. Neste momento especial da minha grande realização, gostaria de transmitir os meus mais sinceros agradecimentos a todas as pessoas que estiveram comigo durante esta jornada de obtenção do grau de doutor.

Dong Geun Jeong, cuja inspiração, encorajamento, orientação dinâmica e apoio à investigação me levaram a concretizar o meu sonho. A sua ampla visão da investigação, a sua extrema paciência e a sua profundidade e amplitude de conhecimentos permitiram-me tornar-me um investigador. Estou-lhe profundamente grato pelos seus ensinamentos académicos e conselhos morais, que não só me ajudaram a resolver problemas técnicos, como também me ajudaram na minha vida pessoal.

Estou grato à Universidade de Estudos Estrangeiros de Hankuk (HUFS) por me ter oferecido uma bolsa de estudos para estudar num local tão agradável. Estou profundamente grato à Professora Wha Sook Jeon da Universidade Nacional de Seul pelo seu apoio à investigação e aconselhamento técnico. Wha Sook Jeon da Universidade Nacional de Seul pelo apoio à investigação e pelos conselhos técnicos. Além disso, como membro do comité, os seus comentários e sugestões perspicazes conduziram a melhorias substanciais da minha dissertação.

Gostaria de agradecer a todos os outros membros do meu comité de dissertação, o Prof. Myoung Jin Kim, o Prof. Dongwoo Kim e o Prof. Jung Suk Joo. Jung Suk Joo. Agradeço muito o seu precioso tempo e esforço. Os seus comentários e sugestões foram inestimáveis para tornar esta dissertação completa. Estou muito grato ao Prof. Chimoon Han pelo seu apoio em vários aspectos do meu estudo e investigação.

Agradeço muito aos membros do Laboratório de Redes Móveis e aos membros de outros laboratórios da HUFS pelo seu amável apoio ao meu trabalho. Os meus sinceros agradecimentos a Won Eung Choi, Eunhee Kim e Yu-Seok Kim pelas suas inúmeras ajudas em diferentes aspectos da minha vida na Coreia. Um agradecimento especial a Eunhee Kim pelo seu apoio durante o trabalho de simulação. Acima de tudo, gostaria de agradecer a todos os membros do corpo docente e aos funcionários da HUFS por me terem dado todo o apoio de que necessitei durante o meu doutoramento.

Estou grato ao Dr. M. Abdullah-Al-Wadud, ao Dr. Md. Abdul Hamid e ao Dr. A. M. Jehad Sarkar pela sua ajuda, encorajamento, sugestões e valiosas discussões. Estou igualmente grato a outros estudantes do Bangladesh, que me inspiraram de várias formas. Nunca poderei esquecer os momentos agradáveis e as memórias que passei com esta comunidade durante a minha estadia na Coreia.

A minha sincera gratidão vai para os meus familiares, os meus pais e irmãos, pelo seu amor e apoio incansáveis ao longo da minha vida. Estou grato à minha dedicada e amada esposa, Jesmin Akter, e às minhas filhas, Ishrat Jahan Rifa e Tasnim Tabassum Ruba. Escusado será dizer que, sem o seu apoio, encorajamento e tolerância, o meu doutoramento nunca teria sido realizado. Por último, devo tudo a Alá.

S. M. Kamruzzaman

Universidade de Estudos Estrangeiros de Hankuk

Campus Global, Yongin-si, Coreia

fevereiro, 2012

Dedicação

Esta dissertação é dedicada a

a minha querida família:

o meu falecido pai Razzab Ali Sikder;

a minha mãe Noor Jahan Begum;

a minha mulher Jesmin Akter;

e

as minhas filhas Rifa e Ruba

pelo seu amor e apoio incondicionais.

Índice

Resumo ... 2

Agradecimentos ... 3

Dedicação ... 5

Índice ... 6

Capítulo 1 ... 7

Capítulo 2 ... 12

Capítulo 3 ... 29

Capítulo 4 ... 41

Capítulo 5 ... 54

Capítulo 6 ... 75

Bibliografia ... 78

Capítulo 1

Introdução

Neste capítulo, fazemos uma breve introdução às redes de rádio cognitivas (CRN) e às redes ad hoc de rádio cognitivas (CRAN). Discutimos as caraterísticas das CRANs que as diferenciam das redes ad hoc móveis tradicionais (MANETs). Em seguida, apresentamos a motivação para esta investigação, seguida de um resumo das principais contribuições e da organização da dissertação.

1.1 Redes de rádio cognitivas

Com o crescimento explosivo dos sistemas e serviços sem fios, o espetro radioelétrico tornou-se um recurso escasso. Nos últimos anos, o desenvolvimento de transceptores de rádio sem fios inteligentes e adaptáveis, designados por rádio cognitivo (CR) [1, 2], juntamente com o início do acesso dinâmico ao espetro, conduziu a uma nova dimensão nas comunicações sem fios. Um emissor-recetor CR é capaz de se adaptar ao ambiente de rádio dinâmico e aos parâmetros da rede para maximizar a utilização dos recursos de rádio limitados. É por isso que a tecnologia CR tem sido considerada como uma das soluções mais eficazes para o problema da escassez de espetro nas comunicações sem fios [3].

As redes de rádio cognitivas (CRN) referem-se a redes sem fios em que os nós (utilizadores) estão equipados com CRs ágeis no espetro [2]. Nesta rede, os utilizadores de CR (CUs) exploram a parte vaga da banda de espetro licenciada de forma oportunista, sem interferências prejudiciais para os utilizadores primários (PUs). Vale a pena mencionar que as redes CR, as redes de acesso dinâmico ao espetro (DSA) [4, 5] e as redes de acesso oportunista ao espetro (OSA) [6, 7] são frequentemente utilizadas indistintamente na literatura. Nesta dissertação, usamos a terminologia redes CR (CRNs).

Como passo inicial para a concretização deste novo conceito de DSA, a Federal Communications Commission (FCC) aprovou recentemente a operação de dispositivos CR não licenciados em bandas do espetro de TV (também conhecidos como espaços brancos de TV) [8, 9]. Esta decisão cria novas oportunidades para melhorar a eficiência dos recursos do espetro sem fios sem as restrições da política convencional de acesso estático ao espetro, facilitando assim a acomodação de novos serviços sem fios e o aumento da procura por parte dos utilizadores.

Entretanto, estão a ser desenvolvidos vários esforços de normalização para utilizar as oportunidades do espetro, como as redes regionais sem fios (WRANs) IEEE 802.22 [10], IEEE 802.11af [11] e ECMA 392 [12]. Por exemplo, a norma IEEE 802.22 WRANs [10] é a primeira norma que utiliza o espaço branco da televisão e tem por objetivo fornecer um acesso de banda larga sem fios de última milha às zonas rurais.

1.2 Redes Ad Hoc de rádio cognitivas

As redes de RC podem ser classificadas como redes de RC baseadas em infra-estruturas (ICRN) e redes ad hoc de RC sem infra-estruturas (CRAN) [5]. As ICRN têm um controlador central, como uma estação de base numa rede celular ou um ponto de acesso numa rede local sem fios (WLAN). O papel do controlador central consiste em recolher as informações sobre a utilização do espetro pelas UP e atribuir o espetro não utilizado aos utilizadores de CR.

Em contrapartida, nas CRAN não existe um controlador central [13]. Se um utilizador de CR reconhecer

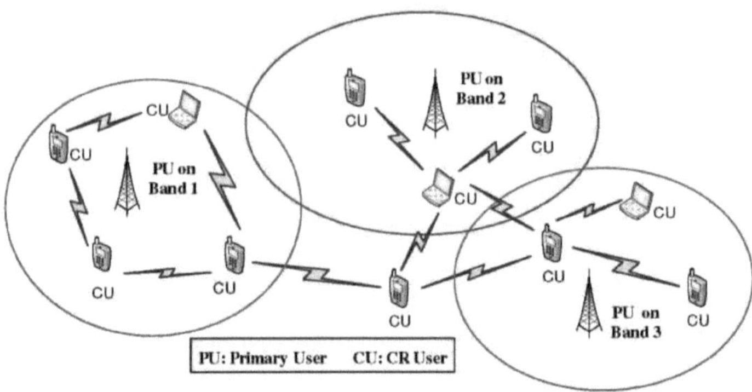

Figura 1.1: Redes ad hoc de rádio cognitivo.

que existem outros utilizadores de CR dentro do seu raio de transmissão e capazes de se ligarem a eles, podem formar uma rede ad hoc para comunicarem entre si [14]. As CRAN são geralmente estabelecidas através de ligações multihop; por conseguinte, são também designadas por redes CR multihop. Nesta rede, para comunicar entre si, cada utilizador de CR precisa de realizar muitas operações de forma distribuída sem a ajuda de um controlador central [15]. As operações das CRAN são difíceis de gerir e mais complicadas do que as das ICRN.

A RC tem sido considerada nas redes móveis ad hoc (MANET), que permitem que os dispositivos sem fios estabeleçam redes de forma dinâmica, sem necessariamente utilizarem uma infraestrutura fixa. A tecnologia CR terá um impacto significativo no desempenho das redes sem fios, especialmente nas MANET. É certo que as questões relativas às MANET não cognitivas em geral continuam a ser de interesse para o paradigma CR. No entanto, algumas caraterísticas distintas das CR introduzem novas questões não triviais nas CRAN móveis.

A figura 1.1 mostra CRANs onde vários tipos de utilizadores de CR estão ligados entre si entre si de forma ad hoc. Podem existir várias bandas de espetro nesta rede. Neste Neste exemplo, há três bandas de espetro licenciadas a PUs. Os utilizadores de CR partilham diferentes bandas de espetro com as UP. Podem ter visões diferentes das bandas de espetro disponíveis em diferentes alturas e localizações. Normalmente, as PU são consideradas estáticas, enquanto os utilizadores de CR podem mover-se arbitrariamente antes e durante uma transmissão.

A disponibilidade de espetro heterogéneo e a necessidade de proteger a transmissão de PUs diferenciam principalmente as CRANs das MANETs tradicionais [13]. Há várias caraterísticas únicas das CRANs em comparação com as MANETs, apresentadas a seguir:

- Banda de espetro: As bandas de espetro disponíveis nas CRAN estão distribuídas por uma vasta gama de frequências que variam ao longo do tempo e da localização com base nas actividades das PU. Assim, o conjunto de canais disponíveis é diferente em diferentes nós CR. Já nas MANET, a banda de espetro é pré-definida e estática.
- Mecanismo de coordenação e controlo da topologia: Devido à falta de um controlador central, todas as redes ad hoc dependem de um mecanismo de coordenação local para obter informações sobre a topologia. Nas MANET, isso pode ser feito facilmente através de sinalizações periódicas no canal, mas não é tão fácil obter informações completas e actualizadas sobre a topologia nas CRAN devido à heterogeneidade do espetro.
- Deteção do espetro e decisão: Nas CRAN, cada utilizador de CR deve detetar o espetro licenciado para encontrar buracos no espetro, ou seja, a parte não utilizada do espetro. Uma vez detectados os buracos no espetro, é então essencial selecionar a banda de espetro mais adequada com base nos requisitos de qualidade de serviço (QoS). Estas tarefas são completamente inexistentes nas MANET, especialmente num ambiente de canal único.

1.3 Motivação

Um grande número de trabalhos de investigação, principalmente centrados na deteção do espetro e/ou no escalonamento da deteção e no acesso oportunista ao espetro, tem sido realizado para a comunicação single-hop em redes CR (por exemplo, [16, 17, 18, 19, 20, 21]). Por outro lado, as redes ad hoc CR baseadas em comunicações multihop têm atraído recentemente a atenção da comunidade de investigação [13]. Na última década, muitos trabalhos de investigação sobre as RRC concentraram-se nas questões das camadas física e de controlo do acesso ao meio (MAC) (e.g., [22, 23, 24]), enquanto que um número relativamente pequeno de trabalhos se debruçou sobre o desempenho da camada superior (e.g., [25]). No entanto, o encaminhamento é uma das questões mais importantes quando se aplica a tecnologia CR às MANETs [26, 27].

Nas CRAN, a oportunidade do espetro varia no tempo e depende da localização devido à atividade das PU e à alteração da topologia da rede. Por conseguinte, o conhecimento do espetro é uma necessidade no processo de descoberta de rotas.

Quando estão disponíveis vários canais (por exemplo, canais de televisão) numa CRN, um sistema CR pode ser concebido como um sistema multicanais. Ao utilizar vários canais, o débito das redes multihop pode ser significativamente melhorado, uma vez que a interferência pode ser reduzida e a carga da rede pode ser equilibrada em diferentes canais [28]. Neste caso, é necessário um protocolo de encaminhamento multicanal em conjunto com um mecanismo eficiente de afetação de recursos para cada ligação.

Nas redes ad hoc móveis constituídas por dispositivos sem fios alimentados por bateria, a gestão da energia é muito importante. Um dos principais desafios destas redes é prolongar o seu tempo de vida [29]. Para aumentar o tempo de vida da rede, o consumo de energia deve ser minimizado e equilibrado em toda a rede. Isto pode ser conseguido através de um encaminhamento eficiente em termos energéticos.

Para explorar eficazmente o multicanal, um dispositivo sem fios pode ser equipado com várias interfaces de rádio. Os protocolos de encaminhamento existentes para as CRN podem ser classificados de acordo com o número e a utilização das interfaces rádio. Alguns protocolos adoptam uma única interface de rádio dedicada para a troca de mensagens de controlo e uma ou mais interfaces de rádio para a transmissão de dados [30, 31, 32, 33]. Esta abordagem simplifica a tarefa de conceção. No entanto, exige um custo adicional de hardware. Além disso, como a interface de rádio é a principal parte consumidora de energia, múltiplas interfaces de rádio podem ser prejudiciais para redes com restrições de energia.

O protocolo que utiliza uma única interface de rádio para a troca de dados e de mensagens de controlo está disponível em [34, 35], mas o principal problema destes protocolos é que a mensagem de controlo tem de ser transmitida para todos os canais disponíveis, o que consome muito tempo e aumenta a sobrecarga da rede. Além disso, levanta problemas de escalabilidade.

A falha de rota leva à sobrecarga de controlo para reencaminhamento e ao aumento do atraso das mensagens. Nas CRAN, a nova ativação de PU, o movimento dos utilizadores CR e o esgotamento de energia dos utilizadores CR intermédios numa rota podem causar a falha da rota. Uma vez que a atividade das PU e a mobilidade dos utilizadores são difíceis de prever na prática, um dos objectivos do protocolo proposto é evitar o esgotamento de energia dos utilizadores intermédios.

1.4 Contribuições

Nesta dissertação, são abordados o projeto e a avaliação do desempenho de um protocolo de encaminhamento para CRANs. As principais contribuições do trabalho são listadas a seguir.

- A principal abordagem na conceção do algoritmo de encaminhamento para as redes CR é a conceção conjunta do encaminhamento e da atribuição de espetro. Os trabalhos sobre estas questões estão ainda numa fase rudimentar. Fazemos um levantamento exaustivo da investigação existente sobre o controlo do acesso ao meio (MAC) e os protocolos de encaminhamento para as redes CR [36]. Classificamos os protocolos MAC e de encaminhamento, discutimos as caraterísticas essenciais dos diferentes protocolos e apresentamos as futuras direcções de investigação.
- Propomos um esquema MAC multicanal eficiente em termos energéticos, que fornece QoS para aplicações sensíveis ao atraso [37]. Neste esquema, os utilizadores de CR podem selecionar dinamicamente canais e intervalos de tempo para a transmissão simultânea de pacotes sem contenção. Também consegue poupanças de energia agressivas ao permitir que os utilizadores de CR que não estão envolvidos na comunicação entrem em modo de repouso.
- Propomos um novo protocolo de encaminhamento, designado por encaminhamento consciente do espetro e da energia (SER), para CRANs multihop, em que cada nó está equipado com uma única interface de rádio para troca de dados e mensagens de controlo [38, 39, 40]. Neste protocolo, a nossa atenção centra-se no encaminhamento conjunto e na atribuição de canais e faixas horárias para cada ligação em CRANs móveis multihop.
- Finalmente, efectuamos experiências de simulação extensivas para avaliar o desempenho do protocolo SER proposto. Os resultados da simulação mostram que o protocolo SER proposto tem um melhor desempenho do que um tipo de esquema de encaminhamento pelo caminho mais curto em termos de débito do sistema, tempo de vida da rede, atraso da mensagem, rácio de sobrevivência do nó, taxa de sucesso do encaminhamento, sobrecarga de encaminhamento normalizada e consumo de energia para pacotes de dados e de controlo, etc.

1.5 Organização da dissertação

O resto da dissertação está organizado da seguinte forma. O Capítulo 2 apresenta brevemente a revisão da literatura sobre MAC de rádio cognitivo e protocolos de encaminhamento. No Capítulo 3, descrevemos um novo esquema MAC para redes ad hoc CR. O Capítulo 4 apresenta o protocolo de encaminhamento consciente do espetro e da energia (SER) proposto. No Capítulo 5, apresentamos a avaliação de desempenho do protocolo SER proposto. Finalmente, o Capítulo 6 conclui a dissertação e apresenta possíveis direcções futuras e extensões deste trabalho.

Capítulo 2

Revisão da literatura

Neste capítulo, apresentamos uma visão geral da literatura sobre os trabalhos relacionados com o controlo de acesso ao meio (MAC) e os protocolos de encaminhamento para redes de rádio cognitivas.

2.1 Protocolos MAC de rádio cognitivo

Nesta secção, revemos o estado da arte na conceção do controlo de acesso ao meio (MAC) para CRNs. Discutimos os protocolos mais proeminentes na literatura. Para facilitar a discussão, começamos com uma classificação geral dos protocolos MAC para CR existentes, como mostra a Fig. 2.1. O MAC para CR pode ser dividido em duas classes, MAC baseado em infra-estruturas de CR e MAC ad hoc para CR, dependendo da arquitetura da rede CR em consideração. Numa rede CR baseada em infra-estruturas, a estação de base (BS) controla normalmente o acesso ao espetro das CUs. As redes CR ad hoc não têm normalmente qualquer controlador central ou BS para ajudar as CUs na deteção ou no acesso ao espetro.

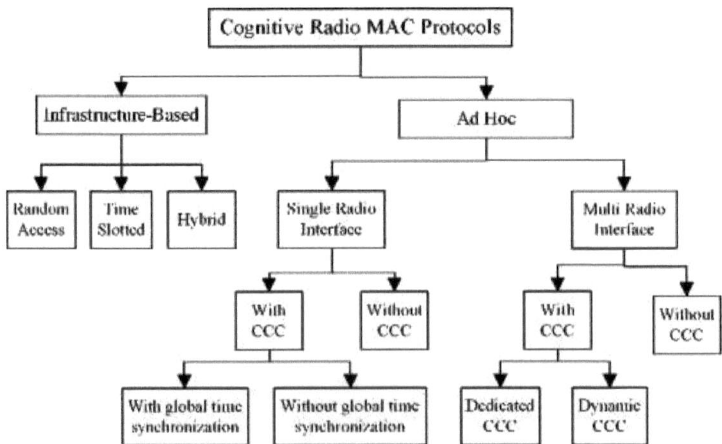

Figura 2.1: Classificação dos protocolos MAC de rádio cognitivo.

2.1.1 Protocolos MAC para CRNs baseadas em infra-estruturas

Os protocolos MAC para este tipo de redes necessitam de uma entidade central, como uma estação de base, que gere as actividades da rede, sincroniza e coordena as operações entre os nós CR. No entanto, a entidade central é estática e geralmente forma uma ligação de um único salto com as UC móveis que estão dentro do seu raio de cobertura. Esta arquitetura ajuda na coordenação entre as UCs para a recolha de informações sobre o ambiente da rede e permite que as decisões sobre o espetro sejam localizadas. Os protocolos com estas redes podem ser classificados com base no acesso aleatório ao canal, no comportamento com intervalos de tempo e numa abordagem híbrida, como mostra a Fig. 2.1.

2.1.1.1 Protocolos de acesso aleatório

Os protocolos MAC desta classe não necessitam de sincronização temporal e baseiam-se geralmente no princípio do acesso múltiplo com deteção de portadora e prevenção de colisões (CSMA/CA). Neste caso, o utilizador de CR monitoriza a banda do espetro para detetar quando não há transmissão dos outros utilizadores de CR e transmite após um período de backoff para evitar transmissões simultâneas.

Em [41] é proposto um protocolo MAC baseado em CSMA que utiliza um único transcetor e sinalização em banda. Este protocolo assegura a coexistência entre utilizadores CR e PUs adaptando a potência de transmissão e a taxa de dados da rede CR. Neste caso, as estações de base do CR e das PU são separadas, embora possam ter áreas de cobertura sobrepostas. Os utilizadores CR e as PU estabelecem ligações diretas de salto único com as respectivas estações de base. O protocolo MAC proposto permite a transmissão simultânea dos utilizadores CR mesmo quando as PUs são detectadas, desde que a interferência causada a estas últimas esteja contida dentro de um limiar pré-determinado.

2.1.1.2 Protocolos com intervalos de tempo

Estes protocolos MAC necessitam de sincronização em toda a rede, onde o tempo é dividido em slots tanto para o canal de controlo como para a transmissão de dados. O IEEE 802.22 é uma norma centralizada que utiliza estações de base para acesso e partilha de espetro [3, 10, 42]. A estação de base gere a sua própria célula e todos os utilizadores CR associados. Na direção a jusante, o MAC IEEE 802.22 utiliza a multiplexagem por divisão do tempo, enquanto na direção a montante é utilizado o TDMA atribuído à procura.

2.1.1.3 Protocolos híbridos

Estes protocolos MAC utilizam uma transmissão com slots parciais, em que a sinalização de controlo ocorre geralmente em slots temporais sincronizados. No entanto, a transmissão de dados pode ter esquemas de acesso aleatório, sem sincronização de tempo. Um protocolo DSA baseado na teoria dos jogos é proposto em [43]. A transferência de dados ocorre em intervalos de tempo pré-determinados, enquanto a sinalização de controlo utiliza um esquema de acesso aleatório, o que o torna um protocolo híbrido. Além disso, este MAC é baseado em clusters e a política de jogo em cada cluster é gerida por uma entidade central dentro do cluster.

2.1.2 Protocolos MAC para CRANs

Nas redes ad hoc CR (CRAN), a conceção de um protocolo MAC depende normalmente do número de interfaces de rádio necessárias em cada CU para suportar as operações MAC. Alguns dos protocolos MAC propostos funcionam bem com uma única interface de rádio. Os protocolos candidatos a esta categoria são o DC-MAC [44], o OSA-MAC [45], o HC-MAC [46], o C-MAC [47], o MMAC-CR [48], o T-MAC [49], o WFC-MAC [50] e o OMC-MAC [51]. Em alternativa, alguns outros protocolos necessitam de múltiplas interfaces de rádio em cada CU. Os protocolos MAC candidatos que utilizam multi-rádio são SYN-MAC [52], O-MAC [53], DOSS [54], CogMesh [55] e CREAM-MAC [56]. Assim, os protocolos MAC para CRANs podem ser categorizados em duas classes principais: interface de rádio único e interface de rádio múltiplo. Ambas as abordagens de conceção têm os seus prós e contras.

2.1.2.1 Protocolos de rádio único

No caso de protocolos MAC de rádio único, uma UC pode ouvir apenas um único canal a qualquer momento e, portanto, pode não receber mensagens de controlo quando o seu rádio está ocupado para o tráfico de dados. Como resultado, os protocolos MAC de rádio único são mais vulneráveis ao problema do terminal oculto multicanal (MHTP).

A presença ou ausência de um canal de controlo comum (CCC) é um dos pressupostos de conceção importantes para os protocolos MAC de rádio único e múltiplo. A troca de mensagens de controlo para negociação e coordenação de canais é uma questão crucial na conceção de protocolos MAC. Normalmente, a troca de mensagens de controlo é efectuada em canais PU licenciados ou num CCC. Nas CRAN, pode haver um único CCC partilhado por todas as CUs, ou vários CCCs, cada um dos quais partilhado por um grupo de CUs. A presença de um CCC simplifica as tarefas de conceção do protocolo MAC e oferece várias vantagens.

A maioria dos protocolos MAC existentes para CRANs são concebidos pressupondo a presença de um CCC. No entanto, a dependência de um CCC pode levar à saturação do CCC. Esta ocorre quando muitas ou todas as CUs tentam transmitir mensagens de controlo no CCC ao mesmo tempo. Esta situação pode provocar uma grave degradação do desempenho dos protocolos MAC, especialmente numa rede de grandes dimensões ou quando a carga de tráfego é elevada. Além disso, existe a possibilidade de atacar o CCC através da inundação persistente de mensagens de controlo no CCC por qualquer nó malicioso. Para evitar estes problemas, alguns protocolos MAC são concebidos sem um CCC. Por exemplo, o DC-MAC e o SYN-MAC são propostos para funcionar sem um CCC para sistemas de rádio único e multi-rádio, respetivamente. A troca de mensagens de controlo nestes protocolos MAC é normalmente efectuada em canais de dados PU, o que não é fiável.

Sem um CCC, a conceção do MAC torna-se mais difícil porque não existe um canal predefinido para iniciar a troca de mensagens de controlo com um recetor pretendido ou com os seus vizinhos. Para responder a este desafio, um transmissor visita continuamente os canais onde se espera que o recetor pretendido esteja sintonizado com maior probabilidade no DC-MAC. Assim que o par emissor-recetor consegue comunicar, trocam as mensagens de controlo iniciais que contêm as informações necessárias para a coordenação da próxima transmissão entre eles. Por outro lado, o tempo é dividido num número de slots, cada um atribuído à troca de mensagens de controlo num determinado canal de dados no SYN-MAC. Quando um nó pretende iniciar a comunicação com um vizinho (ou seja, o recetor pretendido), escolhe um dos canais de dados comuns entre eles, aguarda o início do intervalo de tempo que representa esse canal e, em seguida, inicia a troca de mensagens de controlo.

A sincronização do tempo torna-se uma questão importante para o MAC de rádio único concebido com um CCC (por exemplo, OSA-MAC, HC-MAC, C-MAC, MMAC-CR, T-MAC, WFC-MAC e OMC-MAC). Nesses protocolos MAC, as CUs não podem permanecer sintonizadas no CCC o tempo todo porque o mesmo transcetor também é usado para transmissão de dados. A sincronização temporal entre as CUs é, portanto, necessária para garantir que as CUs saibam quando têm de sintonizar o

CCC para troca de mensagens de controlo e quando podem retomar a transmissão de dados. Isto pode ser conseguido através da sincronização de tempo local ou global.

A sincronização de tempo local é geralmente preferida em CRANs onde a coordenação é limitada a nós vizinhos. Por exemplo, o HC-MAC assume a sincronização apenas entre as CUs da vizinhança para sua operação. Alguns protocolos MAC de transcetor único, por outro lado, dependem da sincronização de tempo global ou de toda a rede . Os períodos de transmissão de dados, negociação de canal e deteção de canal são predefinidos e conhecidos por todas as CUs na rede. Exemplos de tais protocolos MAC incluem o OSA-MAC e o C-MAC, em que vários pares transmissor-recetor negoceiam canais de dados comuns durante a fase de negociação do canal. Os pares transmissor-recetor transmitem então dados nestes canais negociados durante a fase de transmissão de dados. Com a sincronização de tempo global, a fase de deteção para todas as CUs pode ser definida como o mesmo intervalo de tempo, que é livre de qualquer transmissão das CUs. O resultado da deteção será mais confiável se não houver interferência devido à transmissão da CU durante o processo de deteção. Um período de deteção livre de qualquer transmissão das UCs não é possível com a sincronização de tempo local

2.1.2.2 Protocolos multi-rádio

No caso de multi-rádio, uma UC pode ouvir simultaneamente mensagens de dados e de controlo utilizando vários rádios. Isto pode ser conseguido sintonizando um dos rádios continuamente para as mensagens de controlo, enquanto os outros rádios estão a ser utilizados para o tráfego de dados. Uma vez que uma CU pode estar ciente da troca de mensagens de controlo entre CUs vizinhas, o MHTP torna-se mais fácil de tratar com protocolos MAC multirrádio. No entanto, em comparação com o MAC multirrádio, o MAC de rádio único pode funcionar com CR que são muito mais baratos e menos complexos de implementar.

No MAC multirrádio, um CCC pode ser dedicado ou configurado dinamicamente. No MAC-O, assume-se que o CCC é um espetro dedicado que pertence ao próprio sistema CRAN ou a uma banda não licenciada (por exemplo, industrial, científica e médica [ISM]). O CCC dedicado está sempre disponível para as CUs, o que simplifica o funcionamento do MAC. No entanto, na prática, um CCC dedicado pode não estar disponível. Por conseguinte, um canal de dados PU é selecionado dinamicamente como CCC no DOSS e no CogMesh. O CCC selecionado dinamicamente pode estar disponível localmente para uma vizinhança ou globalmente para todas as CUs.

As CRAN baseadas em clusters selecionam normalmente um CCC local em cada cluster. Por exemplo, no CogMesh, um nó inicia a formação do cluster com um canal PU disponível localmente como CCC. O nó torna-se então o líder do seu cluster. Os vizinhos para os quais o CCC selecionado também está disponível podem juntar-se ao agrupamento. Por outro lado, o DOSS seleciona um canal PU disponível para todas as UCs como CCC global. É mais fácil reconfigurar um CCC local do que um global, caso as PUs reclamem o CCC atual.

Um problema comum dos protocolos MAC que utilizam CCCs configurados dinamicamente é a interrupção das suas operações MAC por PUs. Estas interrupções podem ocorrer com bastante frequência, uma vez que a rede PU pode recuperar o CCC em qualquer altura. Além disso, as CRAN não dispõem de um suporte central para recolher a informação sobre a topologia, pelo que dependem da coordenação local para o efeito. A existência de um CCC dedicado facilita muito a recolha de informações sobre a topologia, em comparação com o caso das CRAN com CCCs configuráveis dinamicamente.

2.2 Protocolos de encaminhamento de rádio cognitivo

Foram propostos na literatura vários protocolos de encaminhamento. Com base na propriedade de consciencialização do espetro, o encaminhamento para redes CR pode ser classificado em duas categorias principais: consciencialização global do espetro e consciencialização local do espetro. Na primeira classe, um mapa completo da ocupação do espetro está disponível em cada nó através do controlador central, enquanto na última classe apenas existe informação local sobre a disponibilidade do espetro [26]. Na Fig. 2.2, apresentamos uma classificação dos protocolos de encaminhamento propostos na literatura em função da propriedade de consciência do espetro:

- Consciente do espetro global
- Local com reconhecimento do espetro

Os modelos arquitecturais para os encaminhamentos globais sensíveis ao espetro são redes cognitivas multihop estáticas em que a disponibilidade de espetro entre qualquer par de nós

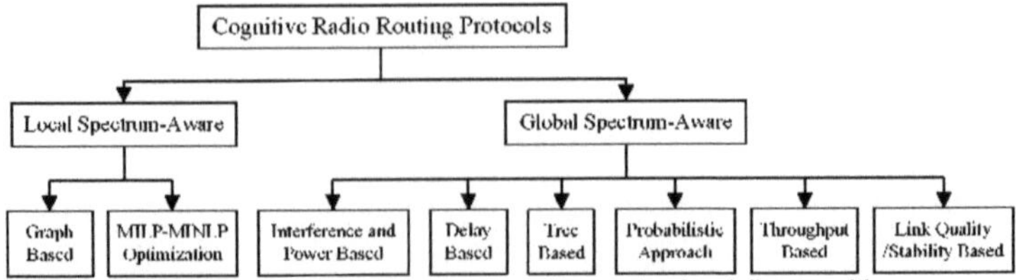

Figura 2.2: Classificação dos protocolos de encaminhamento de rádio cognitivo.

é conhecido. Os protocolos de encaminhamento baseados neste pressuposto utilizam ferramentas teóricas para conceber rotas eficientes, diferenciando-se com base no tipo de ferramenta teórica utilizada para orientar a conceção da rota. A primeira subclasse inclui todos os protocolos baseados numa abstração gráfica das CRN. A segunda subclasse utiliza, pelo contrário, ferramentas de programação matemática para modelar e conceber fluxos ao longo das CRNs multihop.

Por outro lado, os modelos arquitecturais não têm infra-estruturas e a topologia é dinâmica para os protocolos de encaminhamento local sensíveis ao espetro. Pertencem a esta classe todos os protocolos em que a informação sobre a disponibilidade do espetro é construída localmente em cada utilizador de CR através de modos distribuídos. Como a disponibilidade do espetro varia com o tempo e a localização nessas redes, o módulo de encaminhamento está estreitamente ligado às funcionalidades de gestão do espetro [21].

2.2.1 Protocolos de encaminhamento com consciência do espetro global

Nesta secção, descrevemos brevemente os protocolos de encaminhamento que partem do pressuposto de que existe informação global sobre a ocupação do espetro.

2.2.1.1 Protocolos de encaminhamento baseados em grafos

A abordagem geral para a conceção de rotas em redes multihop sem fios consiste em duas fases: abstração do grafo e cálculo da rota. A fase de abstração do grafo refere-se à geração de um grafo lógico que representa a topologia física da rede. O resultado desta fase é a estrutura do grafo $G = (N, V, f(V))$, em que N é o número de nós CR, V é o número de arestas e $f(V)$ é a função que permite atribuir um peso a cada aresta do grafo. O cálculo da rota consiste geralmente na definição/desenho de um caminho no grafo que liga pares origem-destino. As abordagens clássicas ao cálculo de rotas, amplamente utilizadas em cenários de redes com e sem fios, recorrem frequentemente a ferramentas de programação matemática para modelar e conceber fluxos ao longo de redes multihop.

- Encaminhamento de gráficos em camadas

O trabalho [57] propõe uma estrutura abrangente para abordar conjuntamente a atribuição de canais e o roteamento em CRNs multihop semi-estáticas. Neste trabalho, assume-se que a dinâmica das PUs é suficientemente baixa para que a atribuição de canais e o encaminhamento entre as CUs possam ser projectados estaticamente. Os autores centram-se ainda no caso em que os dispositivos cognitivos estão equipados com um único transcetor CR half-duplex, que pode ser sintonizado em L bandas de espetro ou canais disponíveis. O quadro proposto baseia-se na criação de um gráfico em camadas com um número de camadas igual ao número de canais disponíveis.
O gráfico em camadas proposto é um quadro bastante geral que pode ser combinado com diferentes métricas de encaminhamento. Podem ser introduzidas outras modificações no gráfico em camadas para ter em conta requisitos específicos. A estrutura do grafo em camadas é de facto útil para modelar conjuntamente a atribuição de canais e o encaminhamento em CRNs multihop semi-estáticas, em que a dinâmica da variabilidade da topologia é baixa.

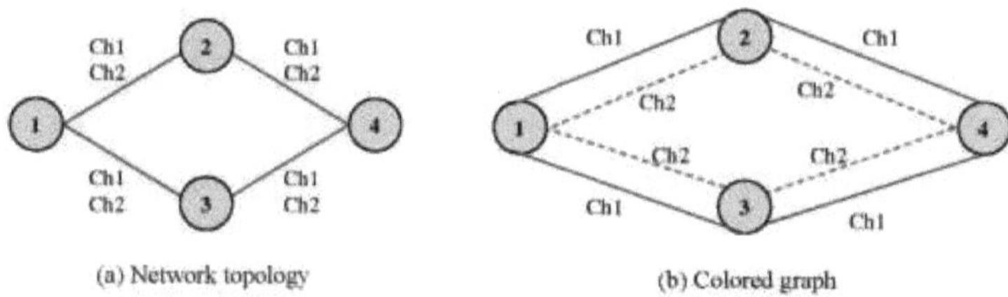

Figura 2.3: Criação de um gráfico colorido.

- Roteamento de gráficos coloridos

Uma abordagem semelhante baseada em estruturas gráficas é proposta em [58], onde um gráfico colorido é usado para representar a topologia da rede. O grafo colorido $G_c = (N_c, V_c)$, onde N_c é o conjunto de vértices (um vértice para cada dispositivo da rede) e V_c é o conjunto de arestas. Dois vértices do grafo colorido podem ser ligados por um número de arestas até L, em que L é o número de canais (cores) disponíveis para transmissão na ligação específica.
A Figura 2.3 mostra a criação de um gráfico colorido, em que a Fig. 2.3 (b) corresponde ao gráfico colorido que abstrai a topologia da rede física da Fig. 2.3 (a). Esta abordagem tem obviamente alguns inconvenientes. Nomeadamente, o protocolo proposto é centralizado e heurístico, o que

significa que pode conduzir a um encaminhamento sub-ótimo.

2.2.1.2 Protocolos de encaminhamento de otimização

Em [59, 60], Hou *et al.* centram-se no problema da conceção de técnicas eficientes de partilha de espetro para CRNs multihop. Introduzem uma formulação de programação não linear inteira mista (MINLP) cujo objetivo é maximizar o fator de reutilização do espetro em toda a rede, ou, de forma equivalente, minimizar a utilização global da largura de banda em toda a rede. A formulação proposta capta todos os principais aspectos das redes sem fios multihop.

A programação matemática é também utilizada em [61], onde é derivada uma formulação de programação linear inteira mista (MILP) para o problema da otimização do encaminhamento e da programação das transmissões secundárias. A função objetivo visa maximizar a taxa alcançável dos pares origem-destino, sob as mesmas restrições de interferência, capacidade e encaminhamento. Os autores utilizam diretamente a formulação para conceber padrões de atribuição de rotas/canais para cenários de redes de pequena e média dimensão, recorrendo a solucionadores comerciais.

2.2.2 Protocolos de encaminhamento locais sensíveis ao espetro

Esta secção apresenta uma panorâmica dos protocolos de encaminhamento em que a obtenção de informações sobre a ocupação do espetro é efectuada de forma distribuída e, à semelhança das redes ad hoc clássicas, são introduzidas abordagens distribuídas para tomar decisões locais de gestão dos recursos de rádio com base em informações parciais sobre o estado da rede. Em CRNs multihop, esta funcionalidade é crucial, uma vez que as condições locais do espetro adquiridas através da deteção de rádio podem ser altamente variáveis no tempo e no espaço. Os protocolos apresentados são categorizados de acordo com a métrica específica utilizada para avaliar a qualidade da rota.

2.2.2.1 Protocolos de encaminhamento baseados na interferência e na potência

Os protocolos de encaminhamento deste tipo utilizam principalmente métricas de encaminhamento baseadas na potência consumida para efetuar a transmissão e/ou a interferência percebida/gerada ao longo de um caminho multihop através dos utilizadores de CR.

- Encaminhamento de potência mínima

A título de exemplo, o principal objetivo do trabalho [62] é descobrir caminhos de peso mínimo em redes ad hoc cognitivas sem fios. É apresentada uma imagem pormenorizada a nível do sistema, em que o sistema de comunicação é dividido em sistema operativo e sistema de comunicação. Um peso de encaminhamento baseado na potência necessária para atingir um destino específico está associado a diferentes sistemas sem fios. O protocolo de encaminhamento proposto encontra localmente o caminho que minimiza o peso do encaminhamento entre uma fonte e um destino. O procedimento de descoberta de rotas é muito semelhante ao dos algoritmos de encaminhamento de estado de ligação em que é utilizado este peso recentemente introduzido. O modelo não tem em conta as PUs, o seu comportamento ou a interferência causada por/para outros nós CR. No entanto, essa informação é implicitamente incorporada nas decisões de encaminhamento durante a fase de descoberta de vizinhos.

Este trabalho introduz um modelo de sistema muito bem delineado, baseado em múltiplas interfaces. O desempenho do sistema proposto é altamente dependente do procedimento de descoberta de vizinhos e das suas taxas de atualização, uma vez que não existem outros procedimentos de manutenção ou recuperação definidos no protocolo de encaminhamento para reagir à atividade das UP. Além disso, a métrica de custo baseada no nível de potência não é suficiente para enfrentar os desafios das CRNs multihop.

- Encaminhamento de Interferência Controlada

As restrições de interferência estão na base do trabalho em [63], onde os autores analisam o compromisso entre transmissão single-hop e multihop para CUs, limitado pelo nível de interferência que as PUs podem tolerar. Os autores analisam as potencialidades de uma retransmissão multihop derivando as condições geométricas sob as quais uma UC é admitida num espetro ocupado por uma PU. Com base nestes resultados geométricos, os autores propõem dois métodos de encaminhamento designados por encaminhamento pelo vizinho mais próximo (NNR) e encaminhamento pelo vizinho mais distante (FNR).

2.2.2.2 Protocolos de encaminhamento baseados em atrasos

A qualidade dos protocolos de encaminhamento também pode ser medida em termos de atrasos para estabelecer e manter rotas multihop e para enviar tráfego através dessas mesmas rotas. Para além das componentes "clássicas" do atraso na transmissão de informações em redes sem fios, devem ser consideradas novas componentes relacionadas com a mobilidade do espetro nas CRN multihop. Em [30, 35, 64, 65], são propostas métricas de encaminhamento sensíveis ao atraso, que consideram diferentes componentes de atraso, incluindo

- a) O *atraso de comutação* que ocorre quando um nó num caminho muda de uma banda de frequência para outra;
- b) o *atraso no acesso ao meio* com base nos esquemas de acesso MAC utilizados numa dada banda de frequências;
- c) o *atraso de enfileiramento* baseado na capacidade de transmissão de saída de um nó numa dada banda de frequência.

- Comutação, acesso ao meio e filas de espera Roteamentos baseados em atrasos

A novidade do trabalho em [35, 64] é a introdução de uma métrica para CRN multihop que tem em conta tanto o atraso de comutação entre bandas de frequência ($D_{switching}$) como o atraso de backoff (atraso de acesso ao meio) numa dada banda de frequência ($D_{backoff}$). O trabalho de [30, 65] trata do atraso de enfileiramento. Em [65], mostra-se que a estimativa do atraso de enfileiramento é bastante exacta e que o atraso extremo-a-extremo proporcionado pelo protocolo de encaminhamento proposto é superior ao dos protocolos de encaminhamento tradicionais.

- Encaminhamento baseado no tempo efetivo de transmissão (ETT)

Em [66] é apresentada uma estratégia de gestão distribuída de recursos para suportar o fluxo de vídeo em redes de rádio cognitivo multihop. Dadas as caraterísticas dos fluxos de tráfego, o principal objetivo é minimizar o atraso extremo-a-extremo sofrido por cada fluxo de vídeo com base nas suas classes. Os autores argumentam que um protocolo centralizado não seria realista neste caso, uma vez que seria necessário um mecanismo que abrangesse toda a rede para distribuir a informação necessária para acionar o algoritmo de gestão de recursos. Por conseguinte, é introduzida uma abordagem distribuída para tomar decisões locais de gestão de recursos de rádio com base em informações parciais sobre o estado da rede.

2.2.2.3 Protocolos de encaminhamento baseados em árvores

O protocolo original de encaminhamento baseado em árvores (TBR) só funciona num sistema sem fios de canal único, como o IEEE802.11a ou 11b, e não em sistemas sem fios multicanais. Para resolver este problema, o autor em [67] propõe um protocolo eficiente e prático, chamado protocolo de encaminhamento cognitivo baseado em árvores (CTBR), que estende e melhora significativamente a capacidade do protocolo TBR conhecido para permitir que o TBR lide com sistemas sem fios multicanais. Para se adaptarem ao ambiente cognitivo, introduzem uma nova métrica de ligação com consciência cognitiva para indicar a qualidade da ligação e propõem esquemas de decisão global e local para o cálculo da rota, em que a decisão global consiste em selecionar a rota com a melhor métrica global de extremo a extremo, enquanto a decisão local consiste em que um terminal cognitivo de encaminhamento selecione uma interface com a menor carga.

Em [68] é proposto um protocolo de encaminhamento a pedido baseado na árvore do espetro (STOD-RP) que simplifica a colaboração entre a decisão sobre o espetro e a seleção de rotas, estabelecendo uma "árvore do espetro" em cada banda do espetro. A formação da árvore de espetro aborda a cooperação entre a decisão sobre o espetro e a seleção de rotas de uma forma eficiente. O algoritmo de encaminhamento combina o encaminhamento proactivo baseado em árvores e a descoberta de rotas a pedido. Além disso, é proposta uma nova métrica de rota que considera tanto os requisitos de QoS do utilizador CR como as actividades das PU. Além disso, o seu trabalho fornece um método rápido e eficiente de recuperação de rotas adaptável ao espetro para retomar a comunicação em CRNs multihop.

2.2.2.4 Abordagens probabilísticas

Uma abordagem de encaminhamento baseada numa estimativa probabilística da capacidade disponível de cada ligação CR é proposta em [69]. É introduzida uma métrica de encaminhamento baseada em probabilidades; a definição da métrica baseia-se na distribuição de probabilidades da interferência PU-to-CU numa determinada CU num determinado canal. Esta distribuição tem em conta a atividade das PUs e a sua implantação aleatória. Esta métrica de encaminhamento é utilizada para determinar o caminho mais provável para satisfazer uma dada procura de largura de banda W num cenário com N UCs que operam num máximo de L bandas de frequência ortogonais.

2.2.2.5 Protocolos de encaminhamento baseados no rendimento

A maximização do rendimento é o principal objetivo dos protocolos de encaminhamento aqui descritos.

- Encaminhamento baseado na disponibilidade do espetro do caminho

A maximização do rendimento através da combinação da otimização de extremo-a-extremo com a flexibilidade das abordagens baseadas em ligações para lidar com a heterogeneidade do espetro é proposta no protocolo de encaminhamento consciente do espetro (SPEAR) [31], um protocolo robusto e eficiente de atribuição distribuída de canais e de encaminhamento para redes dinâmicas baseadas no espetro, assente em dois princípios: espetro integrado e descoberta de rotas para uma formação robusta de caminhos multihop, e reservas distribuídas de caminhos para minimizar a interferência inter e intra-fluxo. Através de simulações e medições em bancos de ensaio, os autores demonstram que o SPEAR estabelece caminhos robustos em diversas condições de espetro e proporciona um rendimento quase ótimo e uma latência de entrega de pacotes de ponta a ponta. O SPEAR realiza uma configuração e desmontagem de fluxo extremamente rápidas e pode manter fluxos livres de interferência na presença de variação na disponibilidade do canal.

- Encaminhamento baseado na utilidade do espetro

O objetivo principal do protocolo ROSA [70] é alcançar uma elevada eficiência de débito. As oportunidades de transmissão são atribuídas com base no conceito de utilidade do espetro e as rotas são exploradas com base na presença de oportunidades de espetro com o objetivo de maximizar a utilidade do espetro. O protocolo de encaminhamento proposto é ainda acoplado a uma técnica de deteção cooperativa que aproveita tanto a informação de deteção física sobre a ocupação do espetro como a informação virtual contida nos pacotes de sinalização trocados pelas UCs. A troca de informações virtuais adicionais é efectuada através de um canal de controlo comum e é utilizada pelo algoritmo local de atribuição de espetro/potência.

2.2.2.6 Protocolos de encaminhamento baseados na qualidade da ligação/estabilidade

Esta secção apresenta uma panorâmica dos protocolos de encaminhamento propostos, que se centram na conceção de rotas multihop estáveis e de qualidade.

- Rotas com funcionalidades melhoradas de recuperação de trajectos

O trabalho apresentado em [71] apresenta um algoritmo para programação e encaminhamento de handoff em CRNs multihop. Uma das principais contribuições deste trabalho é a extensão do handoff de espetro a um caso multi-link. Seguindo uma abordagem clássica, o problema da minimização da latência para a transferência de espetro através da rede é NP difícil e foi desenvolvido um algoritmo heurístico centralizado e distribuído . O algoritmo centralizado baseia-se no cálculo do conjunto máximo de ligações sem conflitos. Com esta abordagem, o algoritmo atribui iterativamente novos canais às ligações. Para resolver o problema da inanição, é utilizado um esquema de priorização baseado no envelhecimento.

Os resultados da simulação mostram que os desempenhos dos protocolos distribuídos e centralizados são muito próximos para os cenários testados numa topologia de rede. Ambos os algoritmos também oferecem melhorias em relação aos casos em que os algoritmos propostos não são utilizados. Infelizmente, não é claro até que ponto estes algoritmos se aproximam das soluções óptimas. Os pormenores de implementação do algoritmo distribuído não foram apresentados em pormenor.

- Rotas que visam a estabilidade das rotas

A estabilidade da ligação é considerada em [72], onde este parâmetro é associado, de uma forma inovadora, à conetividade global do caminho através de um modelo matemático baseado no espetro Laplaciano dos grafos. Os caminhos são medidos em termos do seu grau de conetividade que, numa CRN multihop, é altamente influenciado pelo comportamento das PUs. O comportamento de uma PU é modelado pelo seu fator de atividade médio. Os autores introduzem uma nova métrica para ponderar as rotas (caminhos) que é capaz de captar a estabilidade e a disponibilidade do caminho ao longo do tempo. De facto, a ideia central é atribuir pesos a rotas e caminhos proporcionalmente à conetividade algébrica da matriz Laplaciana do grafo de conetividade que abstrai a rede secundária.

O encaminhamento orientado para a estabilidade da rota é apresentado em [73], onde é introduzida uma nova definição de estabilidade da rota baseada no conceito do custo de manutenção da rota. O custo de manutenção representa o esforço necessário ou a penalização paga para manter a conetividade de extremo a extremo em CRNs multihop dinâmicas. A manutenção de uma rota pode implicar operações de comutação de ligações e de canais à medida que as PU se tornam activas. No primeiro caso, uma ou mais ligações ao longo da rota devem ser substituídas por outras que não sofram interferência das UP, enquanto no segundo caso, a mesma ligação pode ser mantida, mas a transmissão deve ser transferida para outra porção do espetro. Em ambos os casos, é necessária sinalização para coordenar com outras UCs, o que se traduz num custo em termos de consumo de energia e de tempo de interrupção do serviço durante a mudança de rota.

2.3 Discussões

Uma vez que as bandas de espetro disponíveis nas CRN com comunicação multihop são diferentes para cada hop, a informação de deteção do espetro é necessária para a configuração da topologia nas CRN. Além disso, uma das principais opções de conceção para o encaminhamento em CRN é a colaboração entre o encaminhamento e a decisão sobre o espetro. Se a rota óptima de uma CU para outra resultar em interferência nas PU, a latência de extremo a extremo ou as perdas de pacotes podem ser afectadas ao longo da rota devido a esta interação. Para atenuar a degradação, podem ser selecionadas várias interfaces de espetro nos nós intermédios. Por conseguinte, a rota de extremo a extremo pode consistir em múltiplos saltos que atravessam diferentes bandas espectrais. Por último, o reencaminhamento tem de ser efectuado de forma transversal.

Se ocorrer uma falha de ligação devido à mobilidade do espetro, o algoritmo de encaminhamento tem de distinguir esta falha de uma falha de nó. Além disso, as CUs intermédias podem efetuar o reencaminhamento explorando a informação sobre o espetro disponível a partir da funcionalidade de deteção do espetro, selecionando o melhor método de encaminhamento. Neste estudo, são apresentadas as propriedades intrínsecas e os actuais desafios de investigação dos protocolos de encaminhamento para CRN. Investigamos os desafios únicos dos protocolos de encaminhamento de CRNs.

2.4 Questões de investigação em aberto

Acreditamos firmemente que a investigação no domínio da modelação/conceção do encaminhamento em CRNs necessita ainda de grandes contributos que apoiem explicitamente a dinâmica e a variabilidade da rede, que são caraterísticas distintivas das CRNs multihop. Nesta medida, apresentam-se em seguida questões de investigação em aberto no domínio dos modelos e algoritmos para a conceção de rotas em CRN multihop.

2.4.1 Encaminhamento consciente da energia

A gestão da energia nas redes ad hoc sem fios é de importância primordial devido à disponibilidade limitada de energia nos dispositivos sem fios. Ao longo do tempo, vários nós esgotam a sua bateria e abandonam a rede, pelo que esta acaba por ficar dividida. Nestas situações, a conservação de energia é essencial para evitar falhas na rede, maximizando o tempo de vida da bateria. Quase todos os protocolos de encaminhamento convencionais em MANETs que não têm em conta a energia da bateria estabelecem apenas uma única rota de caminho mais curto para a transmissão de dados. Estes protocolos podem, no entanto, resultar num rápido esgotamento da energia da bateria dos nós ao longo das rotas mais utilizadas e, consequentemente, as rotas de caminho único serão desligadas. Assim, a eficiência energética é um dos factores mais importantes na conceção de um protocolo de encaminhamento para as CRN.

2.4.2 Encaminhamento Multipath

O protocolo de encaminhamento que escolhe a rota de melhor esforço entre o par origem-destino para a comunicação multihop é designado por encaminhamento de caminho único. O encaminhamento de caminho único não é a melhor solução quando a topologia da rede é altamente dinâmica, como nos CRAN, e quando os recursos da rede são limitados. O encaminhamento multipercurso é introduzido como alternativa ao encaminhamento de caminho único pelo seu potencial para resolver problemas como a falha e a recuperação de rotas e o congestionamento da rede. Em redes com limitações energéticas, como as redes ad hoc, o encaminhamento multipercursos atinge um desempenho superior ao do encaminhamento de caminho único e, ao mesmo tempo, reduz o consumo de energia dos nós de retransmissão, atenuando o problema de partição da rede causado pelo esgotamento de energia desses nós.

2.4.3 Encaminhamento QoS

Devido à crescente popularidade das aplicações multimédia e em tempo real no ambiente comercial e aos requisitos cada vez maiores das aplicações de missão crítica no domínio militar, um encaminhamento de melhor esforço não pode satisfazer todos os requisitos na maioria das situações. O apoio à qualidade do serviço (QoS) nas MANET tornou-se uma importante área de investigação. Em comparação com as exigências das aplicações tradicionais apenas de dados, estes novos requisitos incluem geralmente uma elevada disponibilidade de largura de banda, um elevado rácio de entrega de pacotes e um atraso reduzido. O quadro de QoS pode coexistir perfeitamente com protocolos de encaminhamento multipercurso, conseguindo melhorias significativas no desempenho geral da rede, especialmente para aplicações multimédia e em tempo real.

2.5 Resumo do capítulo

Neste capítulo, apresentamos uma pesquisa sobre protocolos MAC e de encaminhamento para CRNs. As discussões apresentadas neste estudo defendem fortemente protocolos de comunicação conscientes do espetro que considerem as funcionalidades de gestão do espetro. O requisito de conceção em várias camadas exige que se repensem os actuais protocolos de encaminhamento desenvolvidos para as CRN. Atualmente, muitos investigadores estão empenhados em desenvolver as tecnologias e os protocolos de comunicação necessários para as redes de comunicações digitais. No entanto, para garantir uma comunicação eficiente e consciente do espetro, é necessária mais investigação ao longo das linhas apresentadas neste estudo.

Capítulo 3

Um novo esquema MAC multicanal para CRANs

Neste capítulo, apresentamos um novo esquema de controlo de acesso ao meio multicanal para redes ad hoc de rádio cognitivo multihop (CRANs). Este esquema permite a transmissão simultânea de pacotes sem contenção e permite uma poupança de energia agressiva. Também proporciona o fornecimento de QoS para aplicações sensíveis ao atraso.

3.1 Antecedentes

Começamos por apresentar alguma informação de base sobre a função de coordenação distribuída (DCF) do IEEE 802.11 [74, 75], que é a referência padrão para as operações de controlo de acesso ao meio (MAC) numa rede ad hoc, e o seu mecanismo de poupança de energia (PSM). Finalmente, discutimos o problema do terminal escondido multicanal no final desta secção.

3.1.1 Função de coordenação distribuída IEEE 802.11

A função de coordenação distribuída (DCF) do IEEE 802.11 baseia-se numa deteção contínua do canal sem fios. O algoritmo utilizado é designado por acesso múltiplo com deteção de portadora e prevenção de colisões (CSMA/CA). Se um utilizador tiver um pacote para transmitir, transmite-o se for detectado que o meio está inativo há mais tempo do que um espaço interquadros distribuído (DIFS). Caso contrário, escolhe aleatoriamente um valor de backoff do intervalo [0, c_{w-1}], em que C_w é definido como a janela de contenção. Esse contador de backoff é decrementado a cada slot depois que o canal é detectado ocioso por mais de um DIFS. Se o contador de backoff chegar a zero, então a estação transmite. Dois intervalos diferentes, DIFS e SIFS (short inter frame space), permitem que cada pacote tenha uma prioridade diferente ao disputar o canal. Um utilizador espera por um DIFS antes de transmitir um pacote RTS (ready to send), mas espera por um SIFS antes de enviar um pacote CTS (clear to send) ou uma confirmação (ACK). Assim, um pacote ACK ganhará o canal quando estiver a competir com pacotes RTS ou DATA porque a duração do SIFS é menor do que a do DIFS.Um utilizador também pode reservar o canal para transmissão de dados trocando pacotes RTS e CTS. Se um utilizador tiver um pacote pronto para transmissão, pode tentar enviar uma estrutura RTS utilizando o DCF. Depois de receber um quadro RTS, o destino responde com um pacote CTS. Ambos os quadros RTS e CTS contêm a duração prevista da transmissão. Os nós que ouvem este aperto de mão têm de adiar as suas transmissões durante esse período. Por este motivo, cada anfitrião mantém uma variável denominada vetor de atribuição de rede (NAV) que regista o período de tempo durante o qual deve adiar a sua transmissão. Todo este processo é chamado de *deteção de portadora virtual*, que permite que a área em torno do emissor e do recetor seja reservada para comunicação, evitando assim o problema do terminal oculto.

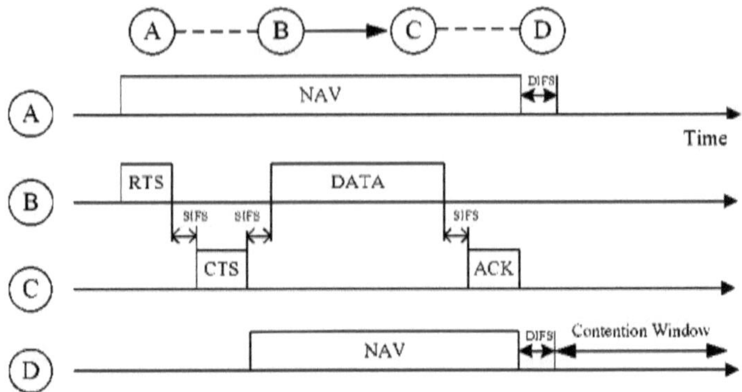

Figure 3.1: Funcionamento da função de coordenação distribuída IEEE 802.11.

A Figura 3.1 ilustra o funcionamento do IEEE 802.11 DCF. Quando o nó B está a transmitir um pacote para o nó C , o nó A ouve o pacote RTS e define o seu NAV até ao fim do ACK, e o nó D ouve o pacote CTS e define o seu NAV até ao fim do ACK. Depois de terminada a transmissão, as estações esperam pelo DIFS e depois disputam o canal.

3.1.2 Mecanismo de poupança de energia IEEE 802.11

Nesta secção, é explicado o mecanismo de poupança de energia (PSM) do IEEE 802.11. A ideia é permitir que os utilizadores entrem num modo de baixo consumo se não receberem pacotes. Isto resolve o problema do desperdício de energia devido à escuta inativa. No modo "doze" (dormir), um utilizador consome muito menos energia do que no modo normal, mas não pode enviar nem receber pacotes. No IEEE 802.11 PSM, esta gestão de energia é efectuada com base em mensagens de indicação de tráfego ad hoc (ATIM). O tempo é dividido em intervalos de beacon, e

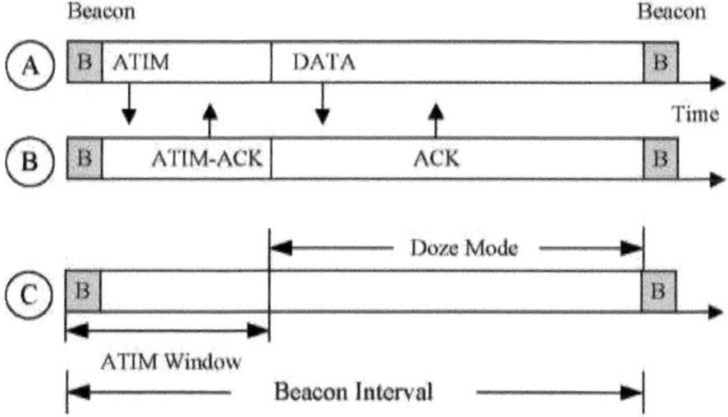

Figure 3.2: Funcionamento do mecanismo de poupança de energia IEEE 802.11.

cada utilizador na rede é sincronizado por transmissões periódicas de beacon. Isto significa que cada utilizador inicia e termina cada intervalo de sinalização aproximadamente ao mesmo tempo. A Figura 3.2 ilustra o processo do IEEE 802.11 PSM. No início do intervalo de sinalização, um pequeno intervalo de tempo, ou seja, a janela ATIM, é reservado para a troca de apertos de mão ATIM/ATIM-ACK. Todos os utilizadores devem estar acordados durante esta janela. Se o utilizador A tiver pacotes armazenados em memória intermédia para o utilizador B, envia um quadro ATIM para B durante a janela ATIM. Quando B recebe o pacote, responde com um quadro ATIM- ACK. Tanto A como B ficam então acordados durante todo o intervalo de sinalização. Os nós que não enviaram ou receberam uma mensagem ATIM entram num modo de suspensão de poupança de energia até ao próximo intervalo de sinalização.

3.1.3 Problema do Terminal Oculto Multicanal

O problema do terminal oculto multicanal está representado na Fig. 3.3. Quando um utilizador não está a transmitir nem a receber, ouve o canal de controlo. Quando o utilizador A quer transmitir um pacote ao utilizador B, A e B trocam mensagens RTS e CTS para reservar o canal como no IEEE 802.11 DCF. As mensagens RTS e CTS são enviadas no canal de controlo. Ao enviar um RTS, o utilizador A inclui uma lista de canais que está disposto a utilizar. Ao receber o RTS, B seleciona um canal e inclui o canal selecionado no CTS. Depois disso, os utilizadores A e B mudam os seus canais para o canal de dados acordado e trocam os pacotes DATA e ACK.

Agora considere o cenário da Fig. 3.3. O nó A tem um pacote para B, pelo que A envia um RTS no canal 0. B seleciona o canal 1 para a comunicação de dados e envia CTS de volta para A. As mensagens RTS e CTS devem reservar o canal 1 dentro das gamas de transmissão de A e B, para que não ocorra qualquer colisão. No entanto, quando o utilizador B enviou o CTS para A, o utilizador C estava ocupado a receber noutro canal, pelo que não ouviu o CTS. Sem saber que B está a receber no canal 1, C pode iniciar uma comunicação com D e acabar por selecionar o canal 1 para a comunicação. Isto resultará numa colisão com o utilizador B .

O problema acima ocorre devido ao facto de os utilizadores poderem ouvir canais diferentes, o que dificulta a utilização da *deteção de portadora virtual* para evitar o problema do terminal oculto. Se houvesse apenas um canal que todos os utilizadores ouvem, C teria ouvido o CTS e, assim, adiado a sua transmissão. O problema acima é chamado de problema do terminal oculto multicanal.

Se não for tratado corretamente, o problema do terminal oculto multicanal pode degradar drasticamente o desempenho do sistema numa CRN. Este problema tem de ser resolvido na camada MAC através de um mecanismo adequado de sincronização e sinalização.

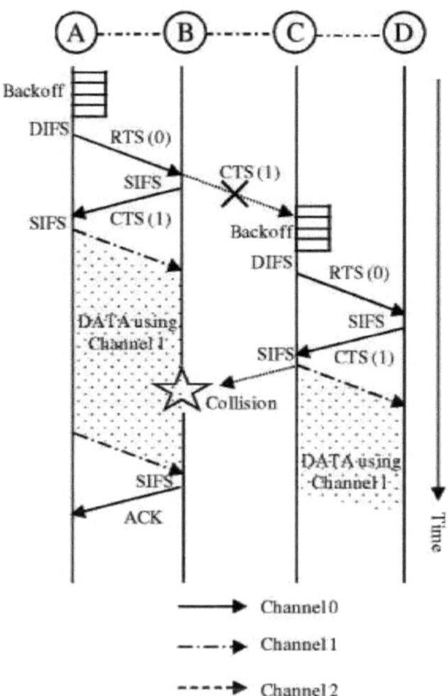

Figure 3.3: Problema do terminal oculto multicanal.

3.2 Modelo de sistema

Consideramos uma rede CR constituída por N utilizadores CR, que utiliza L + 1 canais. Entre eles, L canais (indexados por 1, 2, . . . , L) são licenciados a PUs e explorados oportunisticamente pelos utilizadores CR. Outro canal (indexado por 0) não está licenciado para PU e é utilizado para fins de controlo. Este canal de controlo está sempre disponível para os utilizadores CR, ou seja, o canal de controlo comum (CCC), e pode ser propriedade do serviço CR fornecedor [45].

Um CCC é muito adequado para redes CR. Nas CRAN, é necessária uma grande quantidade de informação de controlo para partilhar com os vizinhos. Utilizando um CCC, a partilha de informações através da difusão pode ser feita de forma muito eficiente. Além disso, o CCC ajuda a obter resultados mais corretos de deteção do espetro através da deteção cooperativa do espetro utilizando os resultados da deteção dos vizinhos em vez de apenas o emissor e o recetor.

Consideramos redes ad hoc CR multihop com restrições de energia, em que cada utilizador CR tem uma energia de bateria limitada. As redes CR coexistem com PUs. O número e a localização das PUs são considerados desconhecidos para os utilizadores CR. Cada nó da rede CR está equipado com uma única interface de rádio cognitiva half-duplex e é capaz de mudar dinamicamente o seu canal.

3.3 Proposta de um sistema MAC CR multicanal

Nesta secção, apresentamos o esquema MAC multicanal proposto para CRANs multihop. A Figura 3.4 ilustra a estrutura de tempo e um exemplo de acesso ao canal nas redes CR em consideração. O tempo do sistema é dividido em intervalos periódicos de beacon (BIs). Um BI é composto por uma janela de sinalização, uma janela de deteção, uma janela de mensagens de indicação de tráfego ad hoc (ATIM) e uma janela de comunicação. A sincronização dos utilizadores CR é feita com a ajuda de sinalização periódica. Na janela de deteção (fase de deteção), cada utilizador CR efectua a deteção do canal para obter a oportunidade de espetro. Na janela ATIM (fase de reserva), todos os utilizadores CR sintonizam as suas interfaces de rádio no canal de controlo (CH_0) e transmitem/recebem dados de controlo para a reserva de recursos. Note-se que, durante a janela ATIM, só é utilizado o canal de controlo. Na janela de comunicação (fase de transmissão de dados), os utilizadores CR transmitem/recebem o seu tráfego utilizando $L + 1$ canais

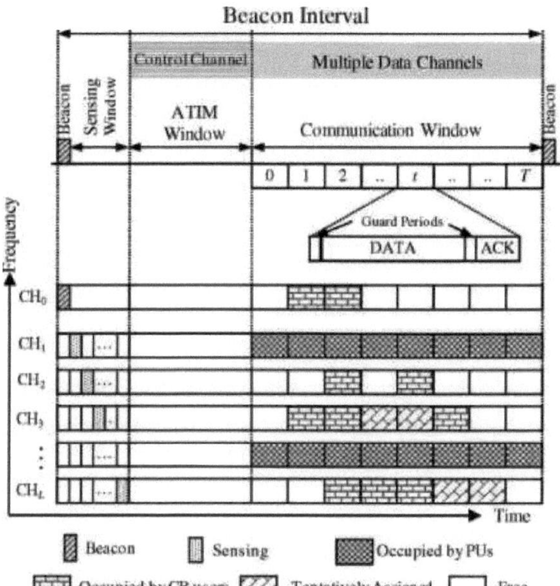

Figura 3.4: Estrutura de temporização e mecanismo de acesso ao canal do esquema MAC multicanal proposto para redes ad hoc CR.

(CH_0-CH_L).

Assumimos que os utilizadores de CR são sincronizados por um sinal de beacon periódico, de modo a que todos os nós comecem o seu intervalo de beacon ao mesmo tempo. Sempre que um utilizador de CR pretende aderir a uma rede, começa por ouvir o sinal de beacon durante pelo menos um BI no canal de controlo para se sincronizar com essa rede. Se não ouvir nenhum sinal de baliza durante esse período, começa a enviar um sinal de baliza periódico, assumindo que é o primeiro nó da rede. O sinal de baliza contém a hora local de um nó. À semelhança da função de sincronização do temporizador (TSF) do protocolo MAC IEEE 802.11 [58], um nó só actualiza a sua hora se a hora transportada num sinal de baliza recebido for mais rápida do que a sua própria hora local.

Um par canal-espaço de tempo é definido como "segmento de comunicação". O segmento de comunicação para a faixa horária t (t = 0, 1, . . . , T) no canal l é denotado pelo par (l, t). Um segmento de comunicação pode estar num dos três estados seguintes (ver Fig. 3.4).

- *Ocupado:* o segmento está a ser utilizado por outras transmissões (PU ou outros utilizadores

CR).

- *Livre:* o segmento não está atribuído e está inativo.
- *Atribuído provisoriamente:* o segmento é atribuído provisoriamente para a transmissão de pacotes numa ligação específica. Este estado pode ser ocupado após um processo de confirmação que é discutido na fase de reserva.

3.3.1 Fase de deteção

Os utilizadores de CR devem detetar os canais para proteger as PU. Só podem aceder a um canal quando este estiver livre de actividades de PU. O esquema proposto efectua a deteção do canal, na janela de deteção, antes da seleção do canal e da faixa horária, o que permite obter um resultado de deteção atualizado antes de passar à transmissão de dados. Para garantir que o resultado da deteção não sofra interferências dos utilizadores CR, estes não são autorizados a transmitir durante a fase de deteção.

Assumimos que cada utilizador CR tem capacidade suficiente para detetar PU no canal 1 ao canal L. Para a deteção, selecionam aleatoriamente canais do conjunto de canais. Cada utilizador CR deve atualizar a lista de canais disponíveis durante a fase de deteção.

Canal (*l*)	Faixa horária (*t*) Atividade de PU.	1	2	3	4	5	6	7	8
0	0	0	0	0	0	1	1	0	0
1	1	1	1	1	1	1	1	1	1
2	0	1	1	0	0	0	1	1	0
3	1	1	1	1	1	1	1	1	1

Figura 3.5: Um exemplo de uma lista de segmentos de utilização (LUS).

Diz-se que um canal está disponível para os utilizadores CR quando não está ocupado por nenhuma PU. Nas redes CR, para que um par de utilizadores CR possa comunicar, um determinado canal tem de estar disponível tanto no emissor como no recetor. Ou seja, as oportunidades de espetro têm de ser identificadas conjuntamente pelo emissor e pelo recetor [76, 77]. Consideramos que o esquema de deteção é baseado num mecanismo cooperativo de deteção do espetro, em que a decisão de deteção é tomada após a partilha dos resultados da deteção com os utilizadores CR vizinhos. Finalmente, cada utilizador CR mantém uma lista de canais disponíveis no final do período de deteção.

3.3.2 Estrutura de dados

No esquema proposto, cada nó mantém uma estrutura de dados denominada lista de segmentos de utilização (LUS) e transmite esta informação juntamente com o pacote ATIM durante o período de reserva. A LUS mantém um registo do estado de utilização do segmento pelos utilizadores PU e CR nas negociações anteriores para a janela ATIM atual.

A Figura 3.5 mostra um exemplo de um LUS. Neste exemplo, existem três canais de dados (indexados por 1, 2 e 3) para além do canal de controlo (indexado por 0) e 8 intervalos de tempo na janela de comunicação. O estado de utilização do canal das PUs é mostrado na coluna de atividade das PUs. Os resultados da deteção da PU que são encontrados na fase de deteção (janela de deteção) são registados nesta coluna. Se a PU estiver ativa em qualquer canal, é definido 1 para esse canal; caso contrário, é definido 0 se nenhuma PU estiver ativa. Quando o valor da atividade da PU é 1, os valores de todas as faixas horárias devem ser 1, o que corresponde aos estados do segmento *Ocupado pela PU*. Por outro lado, se a atividade da PU for 0 em qualquer canal, então, em qualquer nó, $LU_{Sl,t} = 1$ representa que a faixa horária t do canal l já foi atribuída pelo utilizador correspondente ou pelos seus utilizadores CR vizinhos na negociação anterior, ou seja, os estados do segmento estão *ocupados pelo utilizador CR*. $LU_{Sl,t} = 0$ significa que este segmento está *livre* e disponível para atribuição.

As regras para alterar os valores de $LU\ S_{l,t}$ são as seguintes

- O valor de cada segmento é definido como 0 quando um nó é ligado.
- Depois de obter o resultado da deteção por cada nó individual, se o valor da atividade PU for 1, então definir 1 em cada segmento para o nó correspondente.
- Quando a atividade das PU é 0: após negociação pelo par origem-destino, os valores dos segmentos selecionados são fixados em 1 para os nós emissor e recetor.
- Se um nó ouve um pacote ATIM-ACK ou ATIM-RES, os valores dos segmentos selecionados que são registados no pacote ATIM-ACK ou ATIM-RES são definidos como 1.

3.3.3 Fase de reserva

O tráfego é indicado com apertos de mão de três vias. Os nós que têm pacotes para transmitir indicam o tráfego enviando pacotes ATIM no canal de controlo na janela ATIM. Para transmitir pacotes, um utilizador de CR deve primeiro reservar segmentos. A reserva de segmentos é conseguida através da troca de pacotes de controlo entre o emissor e o recetor. O mecanismo de troca de pacotes de controlo é baseado no CSMA/CA do IEEE 802.11. Há três pacotes de controlo, nomeadamente ATIM, ATIM- ACK e ATIM-RES, que são utilizados para a reserva de segmentos.

Se o nó A quiser enviar um conjunto de pacotes para o nó B, o nó A começa por enviar um pacote ATIM ao nó B, contendo o seu LUS e o número de pacotes que pretende enviar. Depois de receber o pacote ATIM, o nó B compara a sua própria LUS e a LUS recebida do nó A, efectuando uma operação *OR* para gerar uma LUS combinada para a ligação entre os nós A e B. Se o valor da LU combinada $S_{i,t}$= 1, este segmento não pode ser atribuído para transmissão de dados. Caso contrário, pode ser atribuído. Devido à propriedade de interface rádio única, não podem ser selecionados segmentos múltiplos que correspondam a uma determinada faixa horária mas com canais diferentes. O nó B seleciona então aleatoriamente o número necessário de segmentos dos segmentos *livres* da LUS combinada e coloca os estados dos segmentos correspondentes em *Tentativamente atribuídos*.

Se o nó B não puder atribuir segmentos suficientes de acordo com o pedido do nó A, o nó B pode prolongar a sua reserva de segmentos para o quadro seguinte, reservando dois quadros de cada vez. Se o nó anfitrião (por exemplo, o nó A) não conseguir terminar a transmissão dentro desse tempo, deve reservar novamente segmentos, negociando com o seu recetor (por exemplo, o nó B) a transmissão dos restantes pacotes de dados. Com esta abordagem, podemos acomodar mais transmissões de pacotes entre um par origem-destino numa única negociação.

Depois de selecionar os segmentos para esta ligação, o nó B actualiza a sua LUS. Em seguida, responde com uma mensagem ATIM-ACK, que contém a lista de segmentos *atribuídos provisoriamente*. Os nós vizinhos do nó B actualizam as suas LUS ouvindo a mensagem ATIM-ACK e obtêm a informação atual de utilização do segmento. Depois de receber o pacote ATIM-ACK do nó B , o nó A actualiza a sua LUS com base nos segmentos selecionados e altera os estados dos segmentos de *Tentatively Assigned* para *Occupied*. Finalmente, o nó A envia um pacote ATIM-RES contendo a mesma lista de segmentos selecionados ao nó B . Ao ouvir o pacote ATIM-RES, os nós vizinhos do nó A actualizam as suas LUS para obter a informação atual de utilização do segmento. Com estes três apertos de mão, o problema do terminal oculto multicanal num cenário multihop pode ser facilmente resolvido.

3.3.4 Fase de transmissão de dados

Na janela de comunicação, os utilizadores CR transmitem/recebem o seu tráfego utilizando todos os L+1 canais (especificamente, incluindo o CH_0). A janela de comunicação tem uma faixa horária. O comprimento da faixa horária é fixo. Uma faixa horária consiste no tempo de transmissão dos dados (pacote), no tempo de transmissão da confirmação correspondente (ACK) e nos tempos de guarda (ver Fig. 3.4). O tempo de guarda inclui o atraso de propagação e o tempo de transição do modo de transmissão para o modo de receção.

Durante esta fase, um utilizador de CR que tenha reservado com êxito uma faixa horária específica num canal específico para enviar ou receber um pacote, começa por mudar para o canal decidido e transmite ou aguarda o pacote de dados nessa faixa horária. Se um utilizador receber um pacote unicast, envia de volta um ACK na mesma faixa horária. Um utilizador CR que não envie (ou receba) um pacote de dados numa faixa horária específica pode passar ao estado de latência para poupar energia.

Se o nó de origem não receber o ACK, considerará que a transmissão do pacote não foi bem sucedida. Quando a transmissão de um pacote não é bem sucedida, o pacote pode ser retransmitido após um tempo de backoff aleatório. Se o número de retransmissões exceder o limite predefinido, o pacote é descartado. Note-se novamente que, juntamente com outros canais, o canal de controlo também pode ser utilizado para a transmissão de dados na janela de comunicação, se necessário. Além disso, as transmissões de dados em diferentes pares origem-destino ocorrem simultaneamente e não há contenção.

3.3.5 Provisionamento de QoS

Os requisitos de qualidade do serviço (QoS) dependem da aplicação e diferem uns dos outros. Uma aplicação pode ter de garantir uma ou mais disposições de QoS, como o atraso máximo aceitável, a taxa de dados mínima e a taxa máxima aceitável de perda de pacotes. Neste trabalho, centramo-nos principalmente no fornecimento de QoS para aplicações sensíveis ao atraso. Referimo-nos às aplicações sensíveis ao atraso como aplicações em tempo real (RT) e os utilizadores que se dedicam ao tráfego RT são utilizadores RT. Por outro lado, as aplicações (utilizadores) com tráfego em tempo não real (NRT) são tratadas como aplicações (utilizadores) NRT.

Partimos do princípio de que os requisitos de QoS dos utilizadores RT são especificados em termos de atraso máximo aceitável de extremo a extremo, enquanto os utilizadores NRT não têm tais restrições. Assumimos também que cada utilizador RT tem, no máximo, um pacote de dados RT de cada vez. Partindo deste pressuposto, o atraso extremo-a-extremo do utilizador RT pode ser simplesmente aproximado como o atraso de acesso ao canal mais o tempo de transmissão dos dados. No esquema proposto, os utilizadores RT têm a oportunidade de reservar segmentos primeiro durante a janela ATIM na fase de reserva.

3.4 Resumo do capítulo

Propusemos um esquema MAC multicanal para CRANs multihop, que é um esquema eficiente em termos de energia, usando uma única interface de rádio half duplex. O esquema permite que os utilizadores de CR identifiquem e utilizem o espetro de frequências disponível sem causar interferências prejudiciais às PU. O esquema proposto também permite o fornecimento de QoS para aplicações sensíveis ao atraso.

Chapter 4

Protocolo de encaminhamento com consciência do espetro e da energia

No capítulo anterior, apresentámos um esquema MAC para CRANs multihop. Com base neste esquema MAC, neste capítulo apresentamos o nosso protocolo de encaminhamento sensível ao espetro e à energia (SER) para a rede em questão. Concentramo-nos no encaminhamento conjunto e na atribuição de canais e faixas horárias em CRANs com restrições de energia e uma única interface de rádio.

4.1 Visão geral

Os protocolos de encaminhamento a pedido ou reactivos para MANET tradicionais têm sido amplamente desenvolvidos porque consomem muito menos largura de banda do que os protocolos de encaminhamento proactivos. O vetor de distância ad hoc a pedido (AODV) [78] e o encaminhamento dinâmico da fonte (DSR) [79] são provavelmente os dois protocolos a pedido mais estudados. O encaminhamento em CRANs multihop enfrenta desafios únicos em comparação com as MANETs convencionais. Nas MANET, a mobilidade dos nós e a dinâmica do canal são os principais factores a ter em conta na conceção do protocolo de encaminhamento. No entanto, nas CRAN, para além dos desafios acima referidos, as actividades das PU e a partilha do espetro entre os utilizadores de CR exigem uma modificação mais rápida da rota, com base na disponibilidade do espetro [80].

As comunicações eficientes do ponto de vista energético têm recentemente atraído cada vez mais a atenção das comunidades de investigação [81]. Reduzir e equilibrar o consumo de energia em toda a rede é muito importante porque os terminais móveis têm baterias com fornecimento limitado de energia. Nesta dissertação, consideramos uma rede ad hoc CR móvel com restrições energéticas, em que cada nó está equipado com um CR e tem uma bateria com energia limitada. Uma das medidas críticas de desempenho destas redes é o tempo de vida da rede. Além disso, devido à propriedade sem infra-estruturas das redes ad hoc, é desejável um esquema de afetação distribuída de recursos para manter comunicações robustas entre cada par de origem e destino.

Na literatura, foram propostos vários protocolos de encaminhamento para CRNs [26, 27, 28, 30, 31, 32, 33, 34, 35, 61, 62, 64, 65, 67, 68, 69, 70, 71, 72, 73, 82, 83, 84, 85, 86]. Quase todos eles são de encaminhamento por um único caminho e a consciencialização da energia não é tida em conta na tomada de decisão sobre a rota. Os protocolos de encaminhamento multipercurso [87] estabelecem múltiplas rotas entre um par origem-destino. Com uma seleção adequada das rotas, espera-se que as rotas suplementares aumentem o rendimento de extremo a extremo e a fiabilidade da ligação [88].

Neste capítulo, propomos um protocolo de encaminhamento consciente do espetro e da energia (SER) que se baseia no protocolo DSR. Quando um utilizador CR (fonte) pretende comunicar com outro utilizador (destino), começa por estabelecer a rota entre eles. Em seguida, a fonte envia todos os pacotes através da rota. Depois de todos os pacotes serem entregues, a rota é libertada. O protocolo SER proposto pode ser utilizado para encaminhamento por um único caminho ou para encaminhamento por vários caminhos. Com o roteamento multipercurso, um par origem-destino pode ter vários caminhos. Ao utilizar o encaminhamento multipercurso, uma falha de rota e/ou congestionamento pode ser rapidamente recuperado sem redescobrir a rota.

Existem dois tipos de modos de transmissão que utilizam múltiplos caminhos. No primeiro modo, vários pacotes pertencentes a uma ligação entre a origem e o destino podem ser entregues utilizando vários caminhos simultaneamente. No entanto, neste modo, a seleção do caminho ótimo em tempo real para cada pacote é muito difícil. No segundo modo, apenas um caminho é selecionado como caminho ativo, através do qual todos os pacotes são transmitidos, e os outros permanecem como caminhos de reserva. Quando o caminho ativo falha, um caminho de reserva torna-se o novo caminho ativo. A desvantagem desta abordagem é o desperdício de recursos de rádio, porque os segmentos de comunicação devem ser reservados para o(s) caminho(s) de reserva. O encaminhamento de caminho único pode ser considerado como um caso especial de encaminhamento multipercurso, em que apenas um caminho único é estabelecido entre uma fonte e o destino correspondente. Quando o caminho falha, um novo caminho é restabelecido. Tendo em conta os argumentos acima expostos, discutimos neste capítulo as operações do protocolo SER para o encaminhamento multipercurso, enquanto no capítulo seguinte apresentamos os resultados da simulação apenas para o encaminhamento de caminho único.

O protocolo SER proposto pode ser aplicado nos cuidados de saúde, na recuperação de desastres ou em redes veiculares de emergência, porque o nosso protocolo inclui as caraterísticas e a robustez necessárias para as aplicações acima mencionadas.

4.2 Funcionamento do protocolo SER proposto

As principais operações do protocolo SER são a descoberta de rotas e a manutenção de rotas. A descoberta de rotas consiste em encontrar um certo número de rotas entre um par origem-destino, que satisfaçam respetivamente as necessidades de largura de banda do utilizador. Para a descoberta de rotas, são utilizados dois tipos de pacotes de controlo, o pedido de rota (RREQ) e a resposta à rota (RREP). Primeiro, a fonte transmite o pacote RREQ. O RREQ é entregue ao destino com a informação sobre a utilização do espetro de todos os nós intermédios. Devido à natureza da difusão, podem chegar ao destino várias cópias do RREQ e, por conseguinte, o destino pode ter várias rotas candidatas. O destino seleciona uma ou mais rotas de entre elas, de acordo com os modos de funcionamento do protocolo.

No caso do encaminhamento multipercurso, o destino pode enviar vários RREP à fonte, cada um dos quais corresponde a um caminho da rota. Quando um RREP percorre o caminho, é efectuada a reserva de recursos para cada nó intermédio. Depois de receber o(s) RREP(s), a fonte inicia a transmissão de dados.

Para a manutenção da rota, são utilizados os pacotes de recuperação de rota local (LREC) e de erro de rota (RERR). Passamos a descrever em pormenor as operações do SER.

4.2.1 Descoberta de rotas

4.2.1.1 Difusão do pacote RREQ

Quando um nó fonte tem pacotes para transmitir para um destino específico, inicia o processo de descoberta de rotas transmitindo um pacote RREQ sensível ao espetro no canal de controlo para os seus vizinhos. O fluxograma do mecanismo de descoberta de rotas é apresentado na Fig. 4.1 e os campos do pacote RREQ são apresentados na Tabela 4.1.

Embora o protocolo SER proposto possa ser utilizado para uma taxa de transmissão de dados variável (por exemplo, utilizando modulação e codificação adaptativas), por conveniência na descrição, assumimos a taxa de dados fixa. Neste caso, o requisito de largura de banda pode ser medido no número de segmentos de comunicação por quadro. Denotemos o requisito de largura de banda no RREQ por W. Para estabelecer uma rota entre a origem e o destino, são necessários pelo menos W segmentos de comunicação livres em cada ligação.

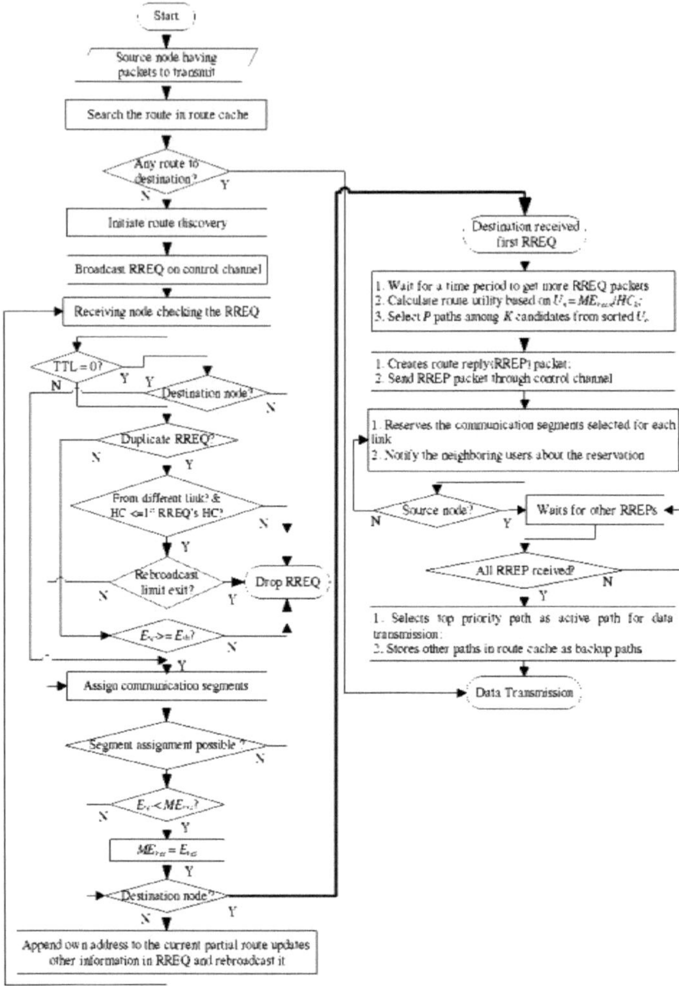

Figura 4.1: Fluxograma do mecanismo de descoberta de rotas do SER.

Tabela 4.1: Campos do pacote RREQ do SER.

Campos	Descrições
Reqld	Número sequencial único do pedido de itinerário
Srcld	Endereço do nó de origem
Dstld	Endereço do nó de destino
MEres	Energia nodal residual mínima num itinerário
RouteSeq	Lista dos endereços dos nós desde a origem até ao nó atualmente percorrido
W	Necessidade de largura de banda em cada ligação
FSeg	Matriz de segmentos de comunicação livres (channeltimeslots) para um nó
SSeg	Lista dos segmentos de comunicação selecionados desde a origem até ao nó atualmente percorrido
HC	Contador de saltos
TTL	A limitação do comprimento de salto do caminho de pesquisa

- Atribuição de segmentos de comunicação

Consideremos a atribuição de segmentos (de comunicação) para a ligação entre um nó A a montante (lado da fonte) e um nó B a jusante (lado do destino). Com a ajuda de balizas periódicas, o nó B pode identificar os estados de utilização dos segmentos do nó A. Ao receber o RREQ do nó A, o nó B compara os estados dos seus segmentos com os do nó A e identifica os segmentos que estão livres do ponto de vista de ambos os nós. Se existirem segmentos livres suficientes, o nó B seleciona W segmentos aleatoriamente e marca os seus estados como *Tentativamente atribuídos*. Além disso, o nó B envia a identificação dos segmentos selecionados ao nó A utilizando o pacote ACK para o nó A. O nó A marca então os estados dos segmentos correspondentes como *Tentativamente atribuídos*. Se a atribuição do segmento for impossível, o RREQ correspondente é rejeitado.

Quando a atribuição de segmentos é possível, o nó anexa a informação de atribuição de segmentos ao RREQ: o endereço do nó é adicionado no campo RouteSeq (a lista de nós no caminho); regista os segmentos atribuídos no campo SSeg (a lista de segmentos de comunicação selecionados). Além disso, o nó indica os segmentos livres no campo FSeg, para os nós sucessores no caminho potencial. Também incrementa o valor do contador de saltos (no campo HC) e decrementa o valor do parâmetro time to live (no campo TTL). Finalmente, o nó retransmite o RREQ modificado.

- Redução da sobrecarga de difusão de RREQ

Dois objectivos do TTL são limitar o número de saltos num caminho e reduzir a sobrecarga de difusão do pacote RREQ em toda a rede. Depois de receber um pacote RREQ, um nó verifica o valor TTL. Se for zero e o nó não for o destino, o nó rejeita o RREQ. Caso contrário, se o valor não for zero, o nó diminui o valor em uma unidade, como referido acima.

No caso do encaminhamento multipercurso, um nó intermédio não deixa cair RREQs duplicados para estabelecer caminhos múltiplos. No entanto, para obter diversidade diminuindo as rotas sobrepostas, um nó intermédio só envia pacotes RREQ duplicados quando um RREQ passa por diferentes ligações de entrada e cuja contagem de saltos não é superior à do RREQ recebido pela primeira vez. Além disso, o número de duplicados de um RREQ, que um nó intermédio pode enviar, é limitado (por exemplo, dois) para evitar sobrecargas excessivas.

- Consciência energética

O protocolo SER visa equilibrar o consumo de energia nodal, o que pode evitar que um ou alguns utilizadores críticos esgotem precocemente a energia, o que resulta no abandono da rede. Os caminhos energeticamente eficientes são selecionados tendo em conta a maior energia residual nodal mínima dos caminhos candidatos. Para o efeito, o nó de origem define o campo M_{Eres} (que indica a energia nodal residual mínima de um caminho) como o valor da energia da sua bateria. Quando um nó intermédio recebe o pacote RREQ, compara a M_{Eres} do RREQ com a sua própria energia residual da bateria, E_{res}. Se E_{res} for menor do que o valor no campo M_{Eres}, o valor é substituído por E_{res}. Como resultado, o campo $M\,E_{res}$ do RREQ que chega ao destino contém o valor mais baixo de energia da bateria entre todos os nós da rota correspondente. Este valor é designado por "energia residual mínima do trajeto".

Por outro lado, cada nó tem um limite de energia da bateria, denotado por E_{th}, para contribuir como nó intermédio de uma rota. Se a energia da bateria de um nó intermédio for inferior a E_{th}, este não participa no processo de descoberta de rotas, rejeitando o RREQ correspondente. No entanto, o nó que já se juntou a uma rota pode continuar a transmissão de dados até esgotar a energia da sua bateria. Além disso, mesmo que a energia da bateria de um nó seja inferior a E_{th}, este pode atuar como fonte ou destino.

4.2.1.2 Decisão de rota e resposta de rota

O destino toma a decisão sobre a rota selecionando vários caminhos adequados. Para o efeito, o destino recolhe, no máximo, Q cópias de um RREQ correspondente a um pedido de ligação. Para tal, o destino inicia um temporizador de espera após receber a primeira cópia do RREQ e recolhe todas as cópias do RREQ até o temporizador expirar. Se recolher Q cópias de um RREQ, pára de recolher mesmo que o temporizador não expire.

Depois de recolher uma ou mais cópias do RREQ, o destino toma uma decisão sobre o itinerário.

$$U_k = \frac{ME_{res,k}}{HC_k}, \quad k = 0, 1, \ldots, K; \qquad (4.1)$$

Na decisão, a rota com mais energia residual mínima no trajeto tem maior prioridade. Por outro lado, a rota com menor número de saltos é favorável porque pode proporcionar um atraso mais curto. Tendo em conta estes dois factores, o destino calcula a utilidade do itinerário da seguinte forma (4.1)

onde, $M\ E_{res,k}$ é a energia residual mínima do caminho do *k-ésimo* caminho de encaminhamento e K ($K \leq$ Q) é o número de cópias de RREQ recolhidas. E HC_k é a contagem de saltos no campo HC da k^a cópia do RREQ. u_k é a utilidade da rota do *k-ésimo* caminho de encaminhamento. O destino ordena todos os u_k por ordem decrescente. Depois, seleciona os primeiros P caminhos entre K candidatos. A ordem de um caminho selecionado torna-se a prioridade do caminho correspondente. No caso do encaminhamento por um único caminho, o destino envia um pacote RREP correspondente ao caminho com maior prioridade. Note-se que apenas o nó de destino pode enviar RREP. Um RREP contém a sua prioridade e o registo de rota acumulado obtido a partir da cópia do RREQ correspondente. Um RREP é entregue ao nó predecessor ao longo do caminho através do canal de controlo. Quando um nó recebe um RREP, altera o estado do segmento de comunicação de *Tentativamente Atribuído* para *Ocupado*. Assim, os segmentos de comunicação selecionados para cada ligação ao longo do caminho são reservados para a transmissão de dados. Além disso, todos os outros nós nas vizinhanças dos nós nos caminhos selecionados são notificados por beaconing de que esses segmentos de comunicação estão ocupados pela nova ligação de entrada. No caso do encaminhamento multipercurso, o destino responde à fonte com vários pacotes (P) RREP, cada um dos quais corresponde a um caminho selecionado.

Se o processo de descoberta de rota for efectuado com êxito, o nó de origem recebe um ou mais RREP para um RREQ. No caso do encaminhamento multipercurso, após a receção do primeiro RREP, a fonte aguarda os outros RREPs correspondentes ao mesmo RREQ durante um período de tempo predefinido.

4.2.2 Manutenção de itinerários

A falha de rota pode ocorrer durante a transmissão de dados. A manutenção da rota é o mecanismo pelo qual o nó de origem é capaz de detetar qualquer tipo de falha na rota, porque uma ligação ao longo da rota pode deixar de funcionar. Ao originar ou reencaminhar um pacote utilizando a rota da fonte, cada nó que transmite o pacote ao longo da rota é responsável por confirmar que o pacote foi recebido com sucesso pelo próximo salto. O pacote é retransmitido até um número máximo de tentativas até que o ACK seja recebido.

Nas redes ad hoc móveis CR, uma ligação de uma rota pode ser quebrada devido ao aparecimento de PUs, a mudanças na topologia devido à mobilidade dos nós, a más condições de canal e ao esgotamento de energia dos nós. O aparecimento de uma PU pode causar a falha de uma rota na sua vizinhança [88]. Nesse caso, os utilizadores de CR na região afetada pela PU devem mudar o seu canal de operação, se possível, para recuperar a rota atualmente afetada. Além disso, em condições de mobilidade, os utilizadores de CR podem também deslocar-se para a região afetada pela PU, o que também é responsável pela possível falha de rota [33, 84].

O fluxograma do mecanismo de manutenção da rota é apresentado na Fig. 4.2. O protocolo SER proposto tem quatro tipos de mecanismos de recuperação de rotas que incluem i) reatribuição de segmentos ii) desvio local iii) redescoberta de rotas, e iv) recuperação de rotas

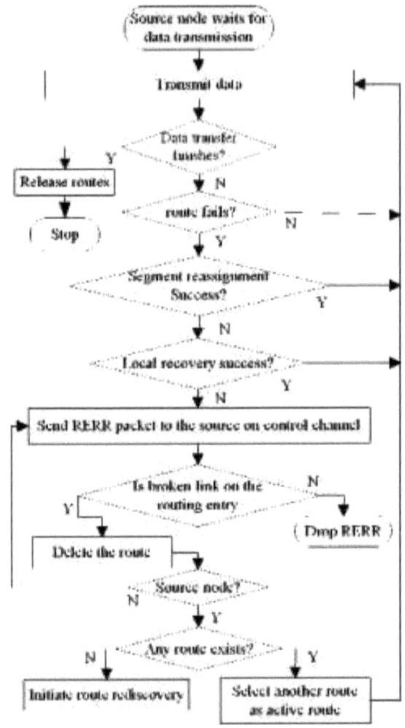

Figura 4.2: Fluxograma do mecanismo de manutenção de rotas do SER.

recuperação por rota de cache. Aqui, os dois primeiros tipos são de recuperação local, mostrados na Fig. 4.3 e na Fig. 4.4, enquanto os dois últimos tipos são de recuperação de ponta a ponta.

4.2.2.1 Reafectação de segmentos

Quando um utilizador CR detecta atividade de PU, transmitindo pacotes, no seu canal de operação, é necessário utilizar um canal diferente para o encaminhamento de pacotes, porque o canal de operação atual está agora indisponível. Consideremos uma ligação

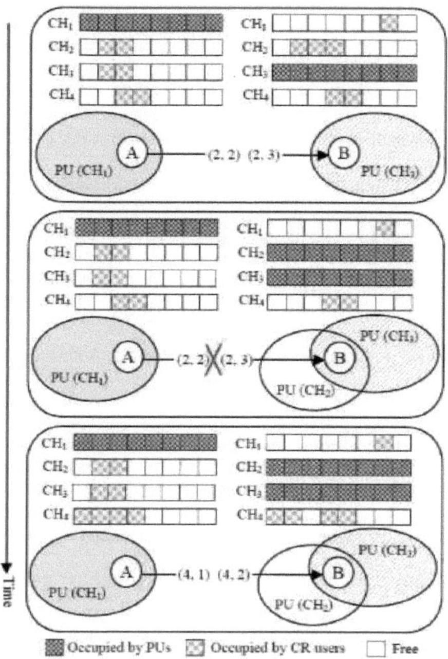

Figura 4.3: Reatribuição de segmentos em resposta à falha da ligação devido a atividade de PU.

entre um nó A a montante e um nó B a jusante, que são nós intermédios na rota entre a origem e o destino. Se a disponibilidade do espetro tiver sido alterada devido à atividade das PU, o nó A não pode receber ACK do nó B mesmo depois de retransmitir um pacote N_{retx} vezes (N_{retx} é predefinido). Para resolver este tipo de problema, o nó A tenta reatribuir segmentos de comunicação para essa ligação. Isso é chamado de "reatribuição de segmento".

A figura 4.3 mostra a operação de reatribuição de segmentos. Nesta figura, a parte superior

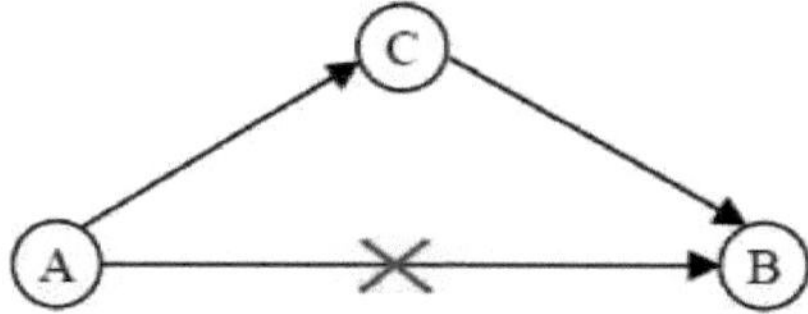

Figura 4.4: Desvio local em resposta à falha de ligação que não é recuperável por reatribuição de segmento

mostra a transmissão de dados pelos nós A e B utilizando os segmentos (2, 2) e (2, 3). Verifica-se que CH1 e CH3 estão ocupados por PUs nas áreas de cobertura dos nós A e B , respetivamente. No entanto, após algum tempo durante a transmissão de dados, outra PU começa a usar o CH_2 na área de cobertura do nó B . Assim, o nó A não consegue transmitir dados para o nó B usando os segmentos (2, 2) e (2, 3). Neste mecanismo de recuperação de rota, o nó A inicia a reatribuição de segmentos e atribui os segmentos (4, 1) e (4, 2) de novo para a ligação em causa, como se mostra na parte inferior da figura.

4.2.2.2 Desvio local

Se não houver um segmento livre que possa ser utilizado para a ligação, ou se o nó B estiver fora do alcance de transmissão do nó A (por exemplo, devido ao movimento do nó A ou B), o nó A tenta efetuar um desvio local. Esta operação é designada por "recuperação local por desvio". Nesta recuperação local, o nó A encontra outro caminho do nó A para o nó B , que contém apenas um nó intermédio adicional. Para tal, o nó A recolhe informações sobre os vizinhos a partir de sinais de balizas, determina um candidato para o nó intermédio adicional (digamos, o nó C) e transmite um pacote de recuperação de rota local (LREC) ao nó C . Em seguida, o nó C transmite um LREC modificado ao nó B. Como resultado, é efectuado um desvio A-C-B. Note-se que a rota fim-a-fim resultante é válida quando a sua contagem de saltos não é superior ao TTL. A Figura 4.4 ilustra a operação de desvio local.

4.2.2.3 Rota Redescoberta

Quando a recuperação local também é impossível, o nó A envia um pacote de erro de rota (RERR) para a fonte. Depois de receber o pacote RERR, a fonte inicia o processo de reencaminhamento. Este processo é designado por "redescoberta de rota".

4.2.2.4 Recuperação de rota por rota de cache

No caso do encaminhamento multipercurso, a fonte começa por verificar a sua cache de rotas para encontrar caminhos de reserva que tenham sido armazenados na descoberta inicial de rotas. Se existir algum caminho de reserva, a fonte escolhe um caminho de reserva com a prioridade mais elevada como novo caminho ativo e transmite imediatamente os dados através do novo caminho. Esta operação é designada por "recuperação de rota por rota em cache".

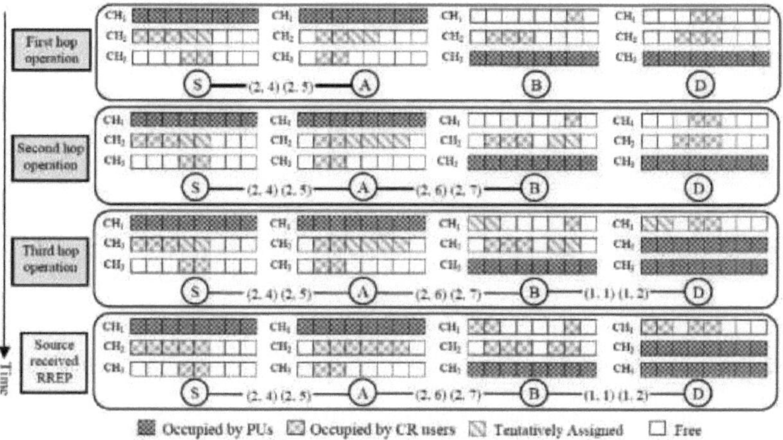

4.3 Exemplo de operação

Agora, apresentamos um exemplo do encaminhamento e da atribuição de segmentos ao longo da rota para um pedido de ligação. No exemplo, como mostra a Fig. 4.5, existem três canais de dados (L = 3), o número de timeslots por janela de comunicação é 8 e o requisito de largura de banda W = 2. Na Fig. 4.5, mostramos apenas os canais de dados. Assumimos que o caminho de encaminhamento é dado como (S-A-B-D), portanto, há três saltos da origem ao destino. Consideramos que os nós intermédios A e B têm uma energia residual superior a E_{th}.

Figure 4.5: Um exemplo do atribuição de segmentos de comunicação (canais-timeslots) para um percurso de encaminhamento arbitrário *S-A-B-D.*

Os estados de utilização do segmento do ponto de vista de cada utilizador estão representados na parte superior da identificação do utilizador. Nesta figura, são utilizados diferentes tipos de caixas para distinguir os diferentes estados. As etiquetas dos estados dos segmentos de comunicação são apresentadas na parte inferior desta figura. Verifica-se que CH_1 e CH_3 são inicialmente ocupados por PUs do ponto de vista dos nós S-A e B-D, respetivamente. Alguns segmentos já estão ocupados por outras comunicações de utilizadores CR. No primeiro salto, depois de receber o RREQ do nó S durante a janela ATIM, o nó A seleciona aleatoriamente a quarta e quinta faixas horárias do CH_2 (denotadas por (2, 4) e (2, 5)) dos seus segmentos livres comuns, e a quarta e quinta faixas horárias do CH2 são marcadas como *atribuídas provisoriamente* por ambos os nós através da troca de pacotes ACK. Da mesma forma, os segmentos (2, 6) e (2, 7) são atribuídos para o segundo salto. No entanto, após algum tempo, a utilização do segment

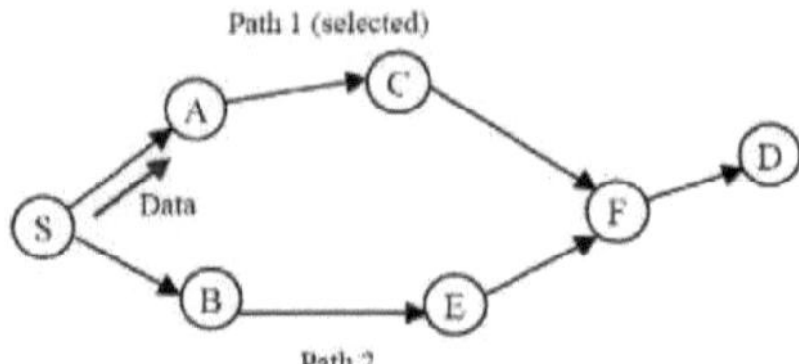

Figure 4.6: Roteamento de dois caminhos menos sobrepostos em que o caminho 1 (S-A-C-F-D) é selecionado como rota ativa para a transmissão de dados e o caminho 2 (S-B-E-F-D) é armazenado na cache de rotas como rota de reserva.

Os estados do nó D foram alterados porque o CH_2 está ocupado por outra PU. Tendo isto em conta, o destino seleciona então os segmentos (1, 1) e (1, 2) para o terceiro salto. Finalmente, depois de receber o RREQ, o destino envia o RREP à fonte e os estados dos segmentos são alterados de *Tentatively Assigned* para *Occupied*, como mostra a figura.

A Figura 4.6 mostra outro exemplo, em que são descobertas rotas multipercurso menos sobrepostas (dois caminhos no exemplo). Entre estes caminhos, o destino seleciona o caminho 1 (S-A-C-F-D) como caminho ativo para a transmissão de dados com base na métrica de encaminhamento e o caminho 2 (S-B-E-F-D) como caminho de reserva. O destino envia então RREP para ambos os caminhos, mencionando a prioridade 1 para o caminho 1 e a prioridade 2 para o caminho 2. Depois de receber os RREP, a fonte inicia a transmissão de dados através do caminho 1 e armazena o caminho 2 na cache de rotas para utilização futura, quando for necessária a recuperação de rotas ponto-a-ponto

4.4 Resumo do capítulo

Propusemos um protocolo a pedido, consciente do espetro e da energia, para o encaminhamento e a atribuição de canais-tempos em redes ad hoc de rádio cognitivo multihop. O protocolo proposto combina a integração do espetro e a descoberta de rotas para estabelecer comunicações em áreas de heterogeneidade do espetro. O nosso protocolo equilibra a carga de tráfego entre diferentes utilizadores CR de acordo com a energia residual da sua bateria nodal, que desempenha um papel vital para prolongar o tempo de vida de cada utilizador CR e das redes em geral.

Chapter 5

Avaliação do desempenho

Neste capítulo, fornecemos resultados de simulação extensivos para avaliar o desempenho do nosso protocolo SER e compará-lo com o esquema de encaminhamento pelo caminho mais curto.

5.1 Definição de simulação

Consideramos uma área circular com um raio de 300 m. Existem M PUs estacionárias distribuídas uniformemente dentro do círculo. As PUs operam em L canais de acordo com o seu próprio protocolo multicanal. Os pormenores do funcionamento das PUs estão fora do âmbito desta investigação. Apenas modelamos a atividade da PU como um processo ON/OFF. Uma PU no estado ON ocupa um canal e não usa nenhum canal no estado OFF. As durações de ativação e desativação de uma PU são distribuídas exponencialmente com a média de 100 s, respetivamente (ou seja, o fator de atividade é 0,5), salvo indicação em contrário. Uma PU recentemente activada escolhe aleatoriamente um canal entre os canais que não são utilizados por outras PUs.

O alcance de deteção de uma PU é fixado em 250 m. Presume-se que uma PU ativa é perfeitamente detectada por um utilizador CR dentro do alcance de deteção. Além disso, parte-se do princípio de que o utilizador CR, estando fora do alcance de deteção, não perturba a PU ativa.

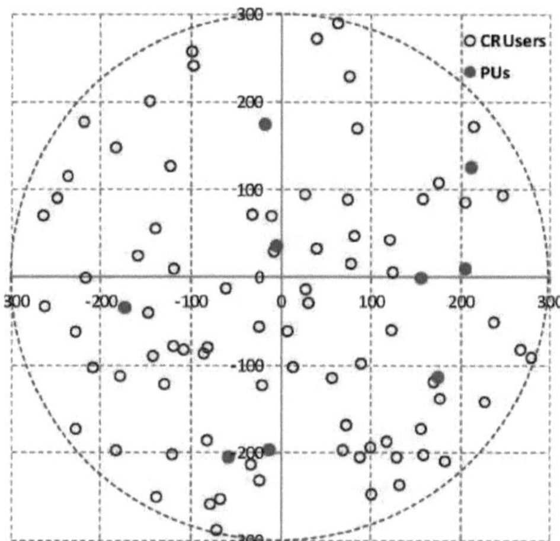

Figura 5.1: Um cenário de implantação aleatória de 80 utilizadores CR e 9 PU numa área circular com um raio de 300 m.

PU. Assim, todos os utilizadores CR no raio de deteção de uma PU ativa não podem explorar o canal ocupado pela PU. Quando uma PU se ativa de novo num canal, os utilizadores CR que exploram o canal mudam os segmentos de comunicação no canal para outros segmentos livres. Este atraso na mudança de canal é fixado em 80 μs.

O resumo dos parâmetros de simulação está listado na Tabela 5.1, enquanto a Tabela 5.2 mostra os vários tempos de utilização do quadro MAC na simulação.

A rede CR é composta por 80 utilizadores (designados por N), salvo indicação em contrário. Numa simulação, as suas localizações iniciais são distribuídas uniformemente dentro do círculo. A Fig. 5.1 apresenta um exemplo de cenário de implantação aleatória de PUs e utilizadores de CR. Um utilizador CR desloca-se para uma direção aleatória selecionada em $[0, 2\pi]$, com

Tabela 5.1: Resumo dos parâmetros de simulação.

Parâmetros	**Valores**
Tamanho do terreno	Circular com um raio de 300 m
Número de CU móveis *(N)*	50, 80,100
Colocação inicial dos nós	Aleatório (uniformemente distribuído)
Número de canais (L)	3, 7, 11
Taxa de dados	2 Mbps (canal de dados e de controlo)
Atividade de PU	ON/OFF (distribuído exponencialmente)
Gama de deteção de PU	250 m
Atraso na comutação de canais	80 µs
Modelo de mobilidade	Passeio aleatório
Modelo de propagação	Perda de trajetória e sombreamento
Potência Tx de uma CU	100 mW
Limiar SINR	-28 dB
Limiar SNR	-25 dB
Comprimento da mensagem	Geometricamente dist. (média 500 pacotes)
Tamanho do pacote de dados	1000 bytes
Necessidade de largura de banda (W)	Inteiro aleatório uniforme em [1, 4]
Os tamanhos dos pkts de ctrl RREQ, RREP, RERR e LREC.	112 bytes
Limite de retransmissão de RREQ	2
Limite TTL	6
Pacote erróneo retx. (N_{retx})	3
Energia inicial do nó	60 Joules
Limiar de energia da bateria	3 Joules
Tempo de simulação	500 s

Tabela 5.2: Vários tempos do quadro MAC.

Parâmetros	**Valores**
Comprimento do quadro	45 ms
Janela de deteção	3 ms
Período de baliza	2,5 ms
Janela ATIM	5,5 ms
Janela de comunicação	34 ms
Número de faixas horárias	8
Duração da faixa horária	4,25 ms

uma velocidade constante distribuída uniformemente em [0, 4] km/h. A velocidade de deslocação e a direção de um utilizador CR são actualizadas após uma duração aleatória distribuída em [0, 10] s. Quando um utilizador CR atinge o limite da área circular, é projetado para dentro. A rede CR utiliza um canal de controlo dedicado, bem como L canais (licenciados para PU) para a transmissão de dados. A taxa de dados suportada por um canal está definida para 2 Mbps.

A duração do quadro é fixada em 45 ms, salvo indicação em contrário, em que a janela de deteção é de 3 ms, 2,5 ms são atribuídos ao período de sinalização, a janela ATIM é de 5,5 ms e a janela de comunicação é de 34 ms. Uma vez que o número de faixas horárias numa janela de comunicação é fixado em 8, a duração da faixa horária é de 4,25 ms, o que corresponde ao tempo de transmissão de dados de um pacote de 1000 bytes, num canal de 2 Mbps.

Cada utilizador CR gera mensagens com um tempo de inter-geração aleatório distribuído exponencialmente. O comprimento da mensagem é geometricamente distribuído com uma média de 500 pacotes. O tamanho do pacote é fixo e definido como 1000 bytes. Todos os utilizadores CR têm a mesma taxa de geração de mensagens. Na simulação, variamos a taxa de geração de mensagens em todo o sistema para controlar a carga oferecida à rede. Quando uma mensagem é gerada, o requisito de largura de banda (em segmentos de comunicação por quadro) do pedido de ligação correspondente é definido como um número inteiro aleatório uniforme em [1, 4]. Os tamanhos dos pacotes de controlo RREQ, RREP, RERR e LREC são definidos para 112 bytes, respetivamente, enquanto o tamanho do ACK é de 100 bits. Na fase de descoberta de rotas, um nó intermédio pode retransmitir, no máximo, duas cópias do RREQ para um pedido de ligação. O limite TTL é fixado em 6.

A potência de transmissão de um utilizador CR é fixada em 100 mW. Consideramos a perda de percurso e o sombreamento como modelo de propagação. O ganho de canal é calculado por $\gamma \times d^{(-3),5}$, onde d é a distância entre o transmissor e o recetor, e a constante γ é definida como -66,08 dB [89]. O efeito de sombreamento é modelado como um sombreamento log-normal com média zero e desvio padrão de 5 dB. A potência do ruído térmico é fixada em -103 dBm. Além disso, a SINR mínima exigida para a troca de pacotes de controlo é fixada em -28 dB e a SNR mínima exigida para a comunicação de dados é fixada em -25 dB. Se o SINR ou SNR recebido de um pacote for superior ao valor mínimo exigido, assume-se que o pacote foi descodificado corretamente. A retransmissão de pacotes erróneos é tentada, no máximo, três vezes. A troca de pacotes de controlo no canal de controlo é baseada no CSMA/CA do IEEE 802.11.

Adoptamos o modelo de consumo de energia proposto em [90]. A potência consumida por cada placa de interface de rede durante a transmissão e receção é de 1,65 W e 1,1 W, respetivamente. O consumo de energia por pacote é convertido em Joules pela multiplicação da potência pelo tempo. Assim, para um pacote de dados e para um pacote de controlo, a energia de transmissão é de cerca de 6,6 mJ e 0,74 mJ, respetivamente; enquanto a energia de receção é de cerca de 4,6 mJ e 0,52 mJ, respetivamente. Os utilizadores de CR consomem energia mesmo durante a deteção do canal para a deteção de PU. No entanto, uma vez que o tempo de deteção de cada utilizador CR é muito mais curto do que o de outras operações, ignoramos o consumo de energia para deteção na simulação. Numa simulação, a energia inicial de cada utilizador CR é fixada em 60 Joules. Se a energia residual de um utilizador CR for inferior a 3 Joules (ou seja, 5% da energia inicial), este não participa no encaminhamento de uma nova ligação, mas continua a servir as ligações existentes.

O tempo de simulação de cada execução corresponde a 500 s na realidade. Cada ponto de dados nos gráficos desta secção é obtido através da média dos resultados de 10 execuções de simulação com posicionamento inicial aleatório de PUs e utilizadores de CR.

5.2 Métricas de desempenho

Adoptamos as seguintes métricas de desempenho para a avaliação do desempenho.

- A *taxa de transferência do sistema* é definida como o número total de bits recebidos com êxito por segundo em todos os destinos da rede CR.
- O *tempo de vida da rede* é a duração desde o início de uma simulação até ao momento em que ocorre o primeiro esgotamento de energia de um nó.
- O atraso extremo-a-extremo de uma mensagem é definido como o tempo decorrido desde a sua geração até à chegada final ao destino. *O atraso médio de uma mensagem* é o atraso médio de fim a fim de todas as mensagens entregues com êxito durante uma simulação.
- O *rácio do nó de sobrevivência* é o número de nós vivos no final de uma simulação, dividido pelo número total de nós.
- Um pedido de encaminhamento pode falhar porque, principalmente, o seu requisito de largura de banda não pode ser satisfeito. A *taxa de sucesso do encaminhamento* é a percentagem de pedidos de encaminhamento bem sucedidos.
- O *overhead de encaminhamento normalizado* é definido como o número de pacotes de controlo de encaminhamento (RREQ, RREP, LREC, RERR) transmitidos por cada pacote de dados entregue aos destinos.
- A *energia consumida por pacote* é a energia total (incluindo a energia para a sobrecarga de controlo) consumida por todos os nós relevantes para enviar um pacote de dados com êxito para o destino.
- O *rácio de energia consumida para* efeitos de controlo é o rácio entre a energia total consumida para efeitos de controlo e a energia total consumida na rede.

5.3 Resultados da simulação

Começamos por mostrar as caraterísticas do protocolo SER proposto em várias condições de rede. Em seguida, comparamos o desempenho do SER com um tipo de esquema de encaminhamento pelo caminho mais curto.

5.3.1 Impactos dos recursos disponíveis

A Figura 5.2 mostra o débito do sistema e o tempo de vida da rede de acordo com a carga oferecida em todo o sistema. É razoável que, à medida que a carga oferecida aumenta, a taxa de transferência do sistema também aumenta. O aumento da carga oferecida exige mais recursos. Ou seja, para transmitir e receber mais pacotes, é necessária mais energia e, por conseguinte, o tempo de vida da rede diminui.

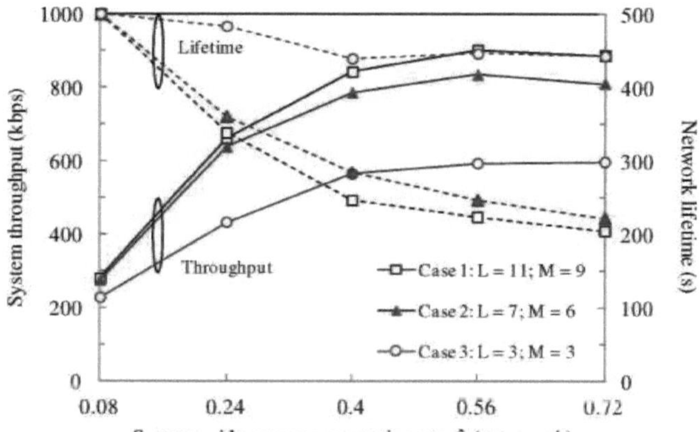

Figura 5.2: Impacto dos recursos disponíveis no débito do sistema e no tempo de vida da rede em função da carga oferecida em todo o sistema.

Podemos ver os efeitos da quantidade de recursos disponíveis a partir desta experiência. No primeiro caso (ou seja, L = 11 e M = 9), uma vez que o canal de controlo pode ser utilizado para a transmissão de dados e o fator de atividade da PU é 0,5, existem, em média, 7,5 canais disponíveis para a transmissão de dados do utilizador CR. Do mesmo modo, no segundo (ou seja, L = 7, M = 6) e terceiro (ou seja, L = 3, M = 3) casos, o número médio de canais disponíveis é de 5 e 2,5, respetivamente. O débito do sistema aumenta à medida que o número de canais disponíveis aumenta, o que é razoável.

Quando a carga oferecida é baixa, as taxas de transferência no primeiro e no segundo casos são quase iguais, porque a capacidade do sistema é superior à carga oferecida em ambos os casos. No entanto, no terceiro caso, a rede CR já está em condições de carga pesada com essa gama de carga oferecida. Por outro lado, é possível ver

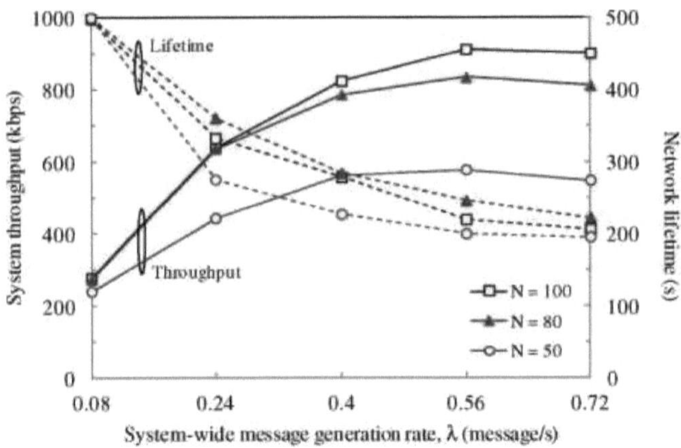

Figura 5.3: Impacto do número de utilizadores CR no débito do sistema e no tempo de vida da rede de acordo com a carga oferecida em todo o sistema.

que a melhoria do desempenho do segundo caso para o primeiro caso é inferior à do terceiro caso para o segundo caso. A razão é que a janela ATIM que utiliza o canal de controlo está congestionada com o ambiente do primeiro caso. Por conseguinte, quando há um maior número de canais disponíveis para os utilizadores do CR, é útil uma janela ATIM mais longa. A partir de agora, utilizaremos o conjunto de parâmetros $L = 7$ e $M = 6$, salvo indicação em contrário.

5.3.2 Impacto do número de utilizadores de CR

Os impactos do número de utilizadores CR no rendimento do sistema e no tempo de vida da rede são apresentados na Fig. 5.3. Uma vez que utilizamos a mesma potência de transmissão e os mesmos parâmetros de canal para todos os casos de simulação, alguns nós não podem ser alcançados uns pelos outros quando os nós estão distribuídos de forma esparsa. Como resultado, no caso de $N = 50$, toda a rede CR é constituída por várias sub-redes isoladas. Por conseguinte, muitas mensagens não podem ser entregues ao destino e o débito do sistema é comparativamente inferior ao de outros casos. Como se pode ver na figura, a melhoria do desempenho do caso de $N = 100$ para o caso de $N = 80$ não é significativa. Isto deve-se ao facto de quase todos os utilizadores estarem acessíveis nestes dois casos.

O tempo de vida da rede com um grande número de utilizadores CR é mais longo do que com um pequeno número de utilizadores CR, porque o consumo de energia de cada utilizador no primeiro caso é inferior ao do segundo. No entanto, quando há um número extremamente elevado de utilizadores CR (por exemplo, o caso com $N = 100$), porque um utilizador CR tem demasiados vizinhos, pode ser gerado um grande número de pacotes de controlo. Isto resulta num consumo desnecessário de energia e o tempo de vida é reduzido.

5.3.3 Impacto do número de UPs

Os impactos do número de PUs no rendimento do sistema e no tempo de vida da rede, de acordo com a carga oferecida em todo o sistema, são mostrados na Fig. 5.4. O comportamento do tempo de vida da rede é análogo ao da Fig. 5.2. A taxa de transferência do sistema aumenta com o aumento da carga oferecida. Com o aumento da carga oferecida, aumenta a transmissão de pacotes, o que implica um maior consumo de energia e, por conseguinte, uma diminuição do tempo de vida da rede. Os recursos da rede são elevados no caso de 3 PUs (ou seja, $M = 3$) em comparação com o caso de 6 PUs (ou seja, $M = 6$), uma vez que o número de canais é fixo (ou seja, $L = 7$) em ambos os casos. Por conseguinte, no primeiro caso (ou seja, $M = 3$), a taxa de transferência do sistema é superior à do segundo caso (ou seja, $M = 6$), pelo que o tempo de vida da rede é menor no primeiro caso do que no segundo.

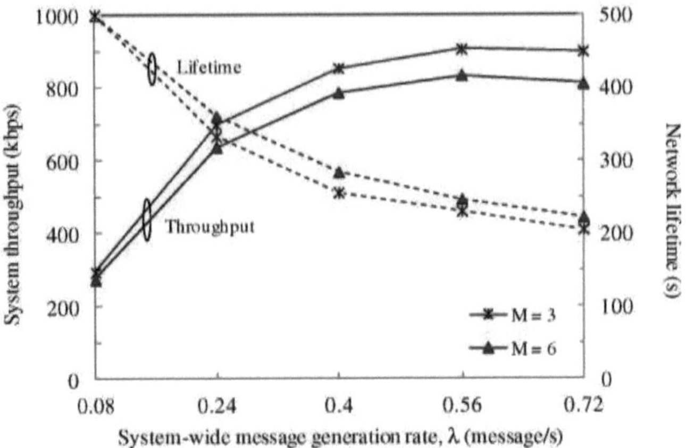

Figura 5.4: Impacto do número de PUs no rendimento do sistema e no tempo de vida da rede de acordo com a carga oferecida em todo o sistema.

5.3.4 Impactos dos requisitos de largura de banda

A Fig. 5.5 mostra o impacto dos requisitos de largura de banda no atraso médio das mensagens e na taxa de sucesso do encaminhamento em função da carga oferecida em todo o sistema. Quando a carga oferecida aumenta, as mensagens demoram muito tempo a ser entregues devido à limitação dos recursos disponíveis. A escassez de recursos disponíveis também resulta na diminuição da taxa de sucesso do encaminhamento.

Verifica-se que o atraso médio da mensagem diminui com o aumento da largura de banda necessária. Este comportamento é razoável porque quando vários segmentos são reservados em cada quadro, mais pacotes de dados são transmitidos no mesmo período de tempo, o que diminui o atraso da mensagem.

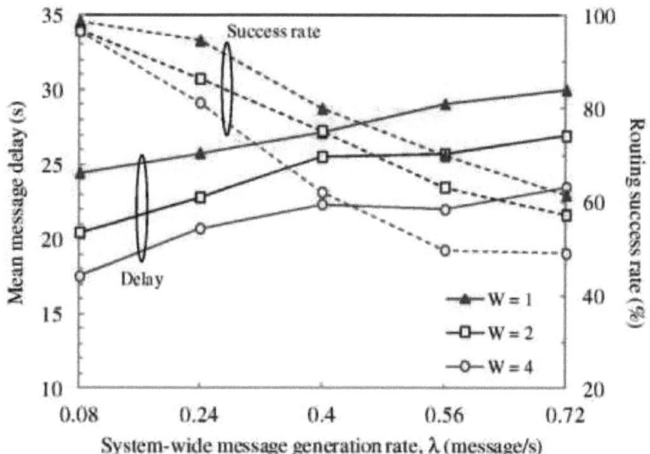

Figura 5.5: Impacto dos requisitos de largura de banda no atraso médio das mensagens e na taxa de sucesso do encaminhamento em função da carga oferecida em todo o sistema.

Quando a carga oferecida é baixa, a taxa de sucesso do encaminhamento é muito elevada, uma vez que há muitos segmentos de comunicação livres disponíveis para atribuição. Por exemplo, com $\lambda = 0{,}08$, a taxa de sucesso do encaminhamento é superior a 96%, mesmo no caso de $W = 4$. No entanto, quando a carga oferecida se torna elevada, há menos segmentos livres para atribuir e, por conseguinte, a taxa de sucesso do encaminhamento diminui. Do mesmo modo, quando é necessária a reserva de vários segmentos por fotograma, a taxa de sucesso do encaminhamento diminui rapidamente.

5.3.5 Impacto dos intervalos entre balizas

Os impactos dos intervalos de beacon (BIs) no rendimento do sistema e no tempo de vida da rede são apresentados na Fig. 5.6. Para os quatro casos, mantemos o rácio de ATIM

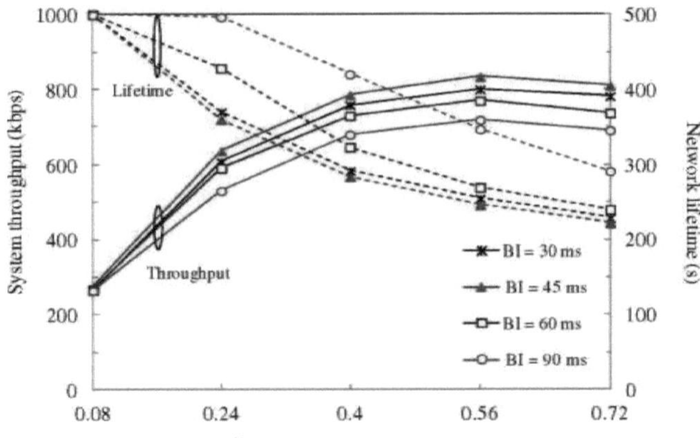

Figura 5.6: Impacto dos intervalos entre balizas (BIs) no atraso médio das mensagens e na taxa de sucesso do encaminhamento em função da carga oferecida em todo o sistema.

A diferença entre a janela de beacon e a janela de comunicação é quase a mesma e é de aproximadamente 24%. Como os recursos da rede são os mesmos em todos os casos, quando o BI aumenta a partir de 45 ms, o débito do sistema diminui devido ao desperdício de recursos. Quando BI = 30 ms, a taxa de transferência do sistema é inferior à de BI = 45 ms, porque com BI = 30 ms, há menos segmentos de comunicação na janela de comunicação, que são insuficientes para serem atribuídos de acordo com a procura dos utilizadores. Foi demonstrado nas experiências anteriores que, para N = 80, BI = 45 ms tem um bom desempenho. Esta experiência também é favorável a essa configuração.

Uma vez que o tempo de vida da rede depende do consumo de energia dos nós e está relacionado com o débito do sistema, é lógico que o tempo de vida da rede seja mais longo quando o débito do sistema é baixo.

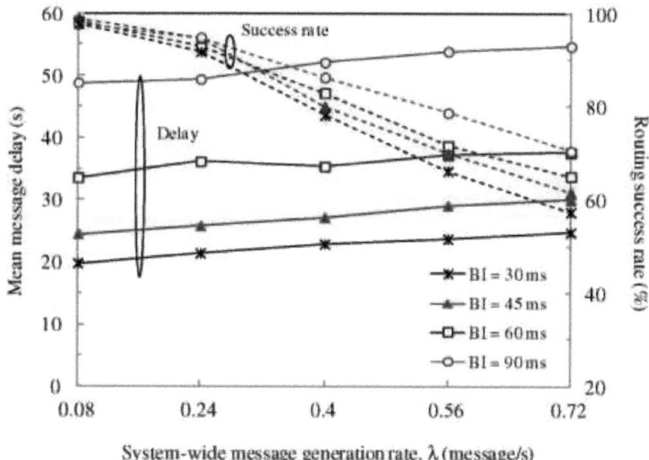

Figura 5.7: Impacto dos intervalos entre balizas (BIs) no atraso médio das mensagens e na taxa de sucesso do encaminhamento em função da carga oferecida em todo o sistema.

menos tempo de vida da rede em comparação com os outros casos, porque dá mais rendimento para todos os estados da carga oferecida.

Os impactos dos intervalos de sinalização no atraso médio das mensagens e na taxa de sucesso do encaminhamento em função da carga oferecida pelo sistema são apresentados na Fig. 5.7. Aqui, o cenário experimental é semelhante ao da experiência anterior. Quando a carga oferecida aumenta, o atraso das mensagens aumenta sensivelmente, o que é razoável, uma vez que os recursos da rede são os mesmos em todos os casos. Quando o BI aumenta, a entrega de mensagens demora muito tempo porque o nó de origem tem de esperar pelo próximo BI para enviar os próximos pacotes depois de terminar a transmissão de um conjunto de pacotes no BI atual.

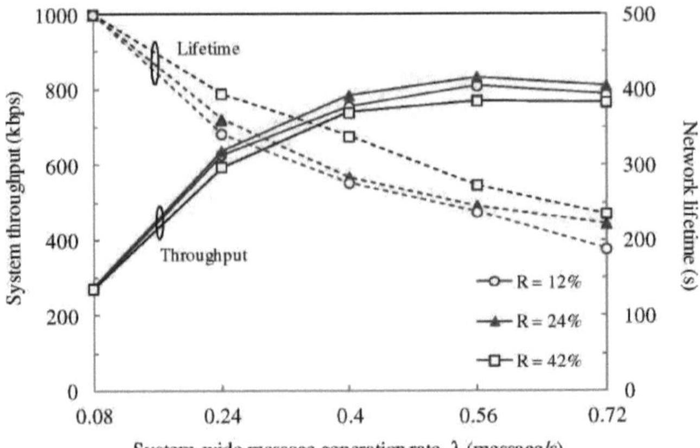

Figura 5.8: Impacto do rácio entre a janela ATIM mais beacon e a janela de comunicação (R) no débito do sistema e no tempo de vida da rede, de acordo com a carga oferecida em todo o sistema.

A taxa de sucesso do encaminhamento diminui com o aumento da carga oferecida devido à escassez de recursos disponíveis. No entanto, quando BI = 90 ms, a taxa de sucesso de encaminhamento é mais elevada, uma vez que nesta situação existem mais segmentos de comunicação disponíveis em cada BI para atribuir de acordo com a procura dos utilizadores. Por outro lado, quando BI = 30 ms, a taxa de sucesso de encaminhamento é menor do que no caso de BI = 45 ms, a razão é o menor número de timeslots na janela de comunicação quando BI = 30 ms. Os impactos do rácio da janela ATIM mais beacon em relação à janela de comunicação (R) no débito do sistema e no tempo de vida da rede, de acordo com a carga oferecida em todo o sistema, são apresentados na Fig. 5.8. Em todas as experiências anteriores, utilizamos R = 24%. Aqui, quando R = 24%, há 8 intervalos de tempo na janela de comunicação. Enquanto que, no caso de R = 12% e R = 42%, existem 9 e 7 intervalos de tempo na janela de comunicação, respetivamente. Com este resultado experimental, podemos dizer que BI = 45 ms com R = 24% é uma seleção eficiente de BI. Quando R = 12%, a taxa de transferência do sistema é um pouco baixa em relação ao nosso caso de referência de R = 24%. Isto porque, neste caso, como a janela ATIM é muito pequena, é extremamente difícil assegurar comunicações robustas de pacotes de controlo quando a carga oferecida é elevada.

Por outro lado, quando R = 42%, a janela ATIM é comparativamente maior e o número de intervalos de tempo na janela de comunicação é menor. Assim, embora não haja problemas na comunicação de pacotes de controlo, devido ao menor número de intervalos de tempo na janela de comunicação, é realmente difícil acomodar o número desejado de segmentos de comunicação de acordo com a procura do utilizador.

O tempo de vida da rede com R = 42% e R = 24% segue as caraterísticas gerais. No entanto, quando R = 12%, devido à janela ATIM muito pequena, são necessários mais pacotes de controlo para reservar segmentos de comunicação que são susceptíveis de consumir mais energia de controlo. Como resultado do consumo desnecessário de energia, o tempo de vida da rede é reduzido em comparação com R = 24%.

5.3.6 Comparações de desempenho

Comparamos agora o desempenho do protocolo SER com um tipo de encaminhamento pelo caminho mais curto. No encaminhamento pelo caminho mais curto, a decisão da rota é feita com base na contagem mínima de saltos, enquanto a energia residual de cada utilizador não é tida em conta.

As comparações da taxa de transferência do sistema e do tempo de vida da rede de acordo com a carga oferecida em todo o sistema são mostradas na Fig. 5.9. O comportamento geral de

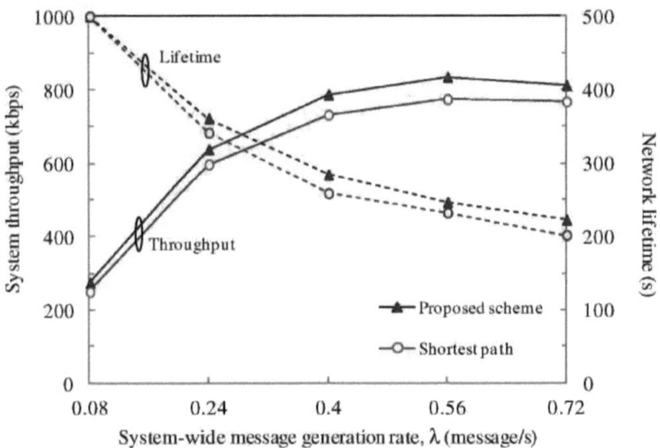

Figure 5.9 Comparações do rendimento do sistema e do tempo de vida da rede de acordo com a carga oferecida em todo o sistema.

Este resultado é apoiado pelos resultados da Fig. 5.2 e da Fig. 5.3. O protocolo SER proposto atinge 7,5% mais rendimento do sistema e 10% mais tempo de vida da rede do que o protocolo do caminho mais curto a λ = 0,40. A razão por detrás da melhoria do desempenho do nosso protocolo reside no facto de este equilibrar o consumo de energia e de os pacotes serem encaminhados através do caminho com maior energia residual mínima.

Figure 5.10 apresenta as comparações da taxa de transferência do sistema e do tempo de vida da rede de acordo com a duração da PU ON com λ = 0,56. Note-se que, nesta experiência, a duração de PU OFF permanece inalterada. As taxas de transferência do sistema em ambos os protocolos aumentam ligeiramente quando a duração de PU ON, τ , aumenta, enquanto o tempo de vida da rede diminui. Com τ curto, a atividade da PU muda frequentemente

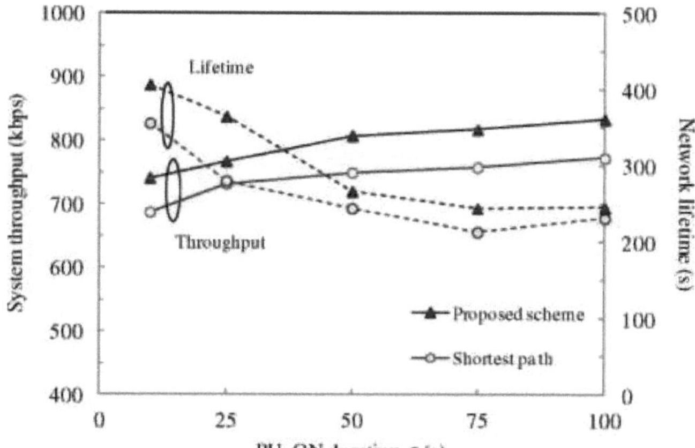

Figura 5.10: Comparações da taxa de transferência do sistema e do tempo de vida da rede de acordo com a duração do PU ON com λ = 0,56.

em comparação com τ longo, embora o fator de atividade seja baixo com τ curto. Uma vez que a carga oferecida em todo o sistema é fixa, com esta configuração, é mais provável que a rota falhe (devido à atividade das PU), o que faz com que o débito seja baixo, resultando num tempo de vida mais longo da rede. No protocolo do caminho mais curto, para reagir a falhas de rota frequentes, são necessários mais pacotes de controlo que consomem mais energia, o que diminui o tempo de vida da rede. O protocolo SER proposto alcança uma melhoria significativa do desempenho sob diferentes τ em relação ao protocolo do caminho mais curto. Isto deve-se ao facto de o SER ter a propriedade de ter em conta o espetro e a energia.

As comparações do rácio do nó de sobrevivência e da sobrecarga de encaminhamento normalizada de acordo com a carga oferecida em todo o sistema são apresentadas na Fig. 5.11. Como esperado, o rácio de sobrevivência dos nós diminui quando a carga oferecida aumenta, uma vez que a energia

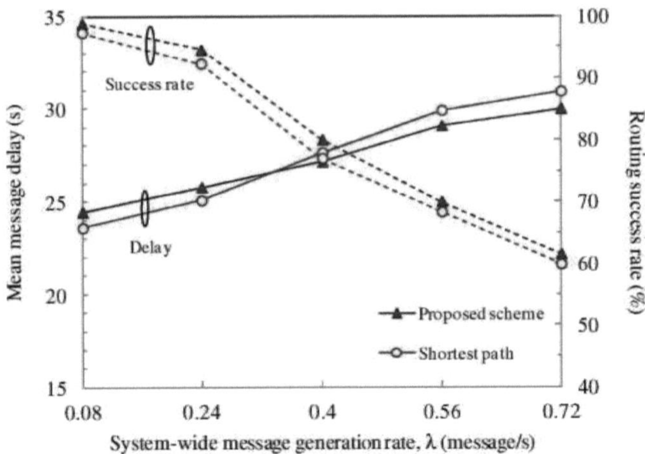

Figure 5.11 Comparações do rácio do nó de sobrevivência e da sobrecarga de encaminhamento normalizada de acordo com a carga oferecida em todo o sistema.

o consumo aumenta. Quando a carga oferecida é baixa, todos os nós estão activos devido ao baixo consumo de energia. Ao longo da simulação, o protocolo proposto tem um bom desempenho em comparação com o protocolo do caminho mais curto. Por outro lado, o overhead de encaminhamento normalizado também aumenta com a carga oferecida. Quando a carga oferecida é baixa, o protocolo do caminho mais curto supera o protocolo SER proposto. Isto deve-se ao facto de, para assegurar um caminho energeticamente eficiente, serem necessários mais pacotes de controlo de encaminhamento por pacote de dados no protocolo proposto. No entanto, quando a carga oferecida ultrapassa λ = 0,24, o SER começa a superar o protocolo de caminho mais curto. Isso ocorre devido à robustez do mecanismo de recuperação de rota do SER.

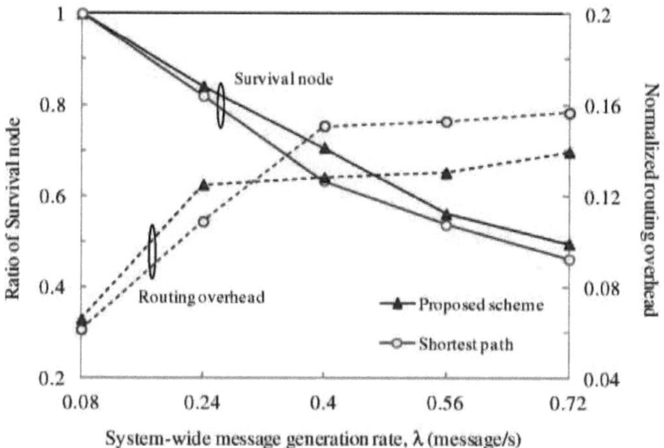

Figure 5.12 demonstra as comparações entre o atraso médio das mensagens e a taxa de sucesso do encaminhamento de acordo com a carga oferecida em todo o sistema. Em ambos os casos, aFigura 5.12: Comparações do atraso médio das mensagens e da taxa de sucesso do encaminhamento de acordo com a carga oferecida em todo o sistema.

O atraso médio das mensagens aumenta e a taxa de sucesso do encaminhamento diminui com a carga oferecida. Inicialmente, o esquema proposto apresenta um atraso comparativamente elevado, o que se deve ao facto de o esquema proposto estabelecer a rota não só com base na contagem de saltos, mas também na energia residual mínima do caminho. No entanto, quando a carga oferecida se aproxima de λ = 0,40, o esquema proposto apresenta um atraso reduzido. Este facto deve-se ao mecanismo eficiente de recuperação de rotas do protocolo SER. Em ambos os casos, a taxa de sucesso do encaminhamento decai rapidamente quando a carga oferecida é superior a λ = 0,24. A causa deste facto é que, com os recursos limitados da rede, não é possível atribuir os segmentos de comunicação desejados a todos os pedidos de ligação quando há mais RREQs na rede.

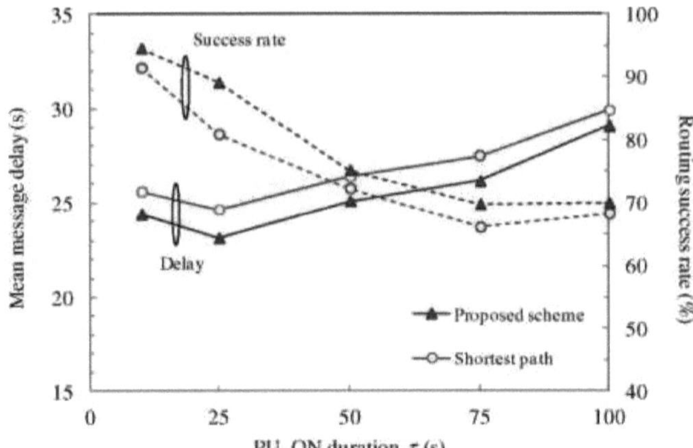

Figura 5.13: Comparações do atraso médio das mensagens e da taxa de sucesso do encaminhamento em função da duração do PU ON com λ = 0,56.

As comparações dos impactos da duração da PU ON τ no atraso médio das mensagens e na taxa de sucesso do encaminhamento com λ = 0,56 são apresentadas na Fig. 5.13. Em ambos os casos, o atraso médio das mensagens aumenta aproximadamente enquanto a taxa de sucesso do encaminhamento diminui com o aumento da carga oferecida. Isto é razoável porque o recurso disponível diminui com o aumento de τ . A variação do atraso médio das mensagens é inferior a 20% entre os τ de 10 s e 100 s, ao passo que a variação é de cerca de 35% no caso da taxa de sucesso do encaminhamento.

Por último, a Fig. 5.14 ilustra as comparações da energia consumida por pacote e o rácio de energia consumida para a sobrecarga de controlo de acordo com a carga oferecida em todo o sistema. O consumo de energia aumenta à medida que a carga oferecida aumenta, e isso deve-se ao facto de, com o aumento da carga oferecida, o número de transmissões de pacotes

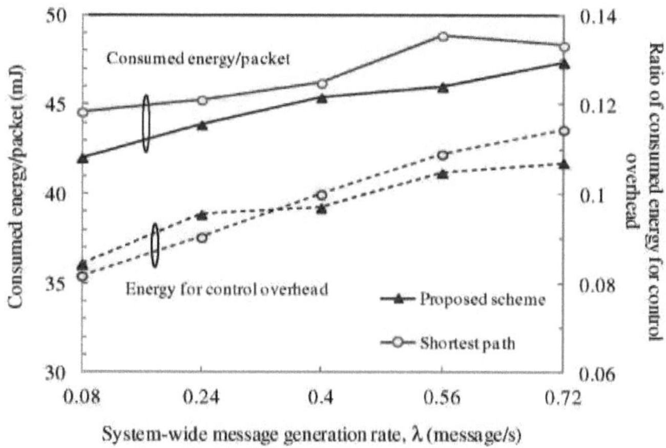

Figura 5.14: Comparações da energia consumida/pacote e do rácio de energia consumida para a sobrecarga de controlo de acordo com a carga oferecida em todo o sistema.

aumenta. Verifica-se que o protocolo proposto consome menos energia por pacote com diferentes cargas oferecidas. Isto deve-se ao facto de, no protocolo proposto, a sobrecarga de controlo ser menor e de as falhas de rota ocorrerem com menos frequência, ao mesmo tempo que se dispõe de um mecanismo eficiente de recuperação de rotas. Quando a carga oferecida é baixa, o rácio de energia consumida para a sobrecarga de controlo é elevado no protocolo proposto, o que também é corroborado pela experiência de sobrecarga de encaminhamento normalizada da Fig. 5.11. No entanto, de acordo com essa experiência, o rácio de energia consumida para despesas gerais de controlo no protocolo proposto diminui quando a carga oferecida ultrapassa λ = 0,24.

5.4 Resumo do capítulo

Neste capítulo, apresentamos a avaliação do desempenho do nosso protocolo SER proposto utilizando simulação computacional. Comparamos o desempenho do protocolo SER com o esquema de encaminhamento pelo caminho mais curto. Os resultados da simulação mostram que o protocolo proposto pode proporcionar o menor atraso médio da mensagem, a sobrecarga de encaminhamento normalizada, a energia consumida/pacote e a sobrecarga de controlo. Por outro lado, garante um maior rendimento do sistema, uma taxa de sucesso do encaminhamento, um rácio de nós sobreviventes e um tempo de vida mais longo da rede.

Capítulo 6
Conclusões

Neste capítulo, resumimos as contribuições desta dissertação e apresentamos possíveis direcções para trabalhos futuros.

6.1 Conclusões

As redes de rádio cognitivas (CRN) estão a ser desenvolvidas para resolver os actuais problemas das redes sem fios resultantes da limitação do espetro disponível e da ineficiência na utilização do espetro, explorando oportunamente o espetro não utilizado. As redes sem fios, equipadas com as capacidades intrínsecas das CR, proporcionam um paradigma de comunicação com consciência do espetro nas comunicações sem fios.

Embora as CRNs tenham uma solução potencial para a escassez de espetro, introduzindo um novo paradigma de redes sem fios, os novos desafios associados às CRNs devem ser abordados para utilizar os benefícios deste tipo de redes. A variação da disponibilidade do espetro ao longo do tempo e das localizações devido à coexistência com os utilizadores primários, PUs, cria grandes desafios em diferentes aspectos na atribuição de recursos e no encaminhamento destas redes. O objetivo desta dissertação é a conceção de um protocolo de encaminhamento para redes ad hoc de rádio cognitivo (CRANs) que resolva conjuntamente os problemas de encaminhamento e de atribuição de recursos.

Nesta dissertação, em primeiro lugar, apresentámos um esquema MAC multicanal eficiente em termos energéticos utilizando uma única interface de rádio half duplex para CRANs. O esquema MAC proposto permite que os utilizadores CR identifiquem e utilizem o espetro de frequências disponível sem causar interferências prejudiciais às PUs. Neste esquema, os utilizadores CR podem selecionar dinamicamente canais e intervalos de tempo para transmissões simultâneas de pacotes sem contenção. Consegue poupanças de energia agressivas ao permitir que os utilizadores de CR que não estão envolvidos na comunicação entrem no modo de poupança de energia. Também permite o fornecimento de QoS para aplicações sensíveis ao atraso.

Em segundo lugar, definimos uma métrica de encaminhamento que integra o efeito da energia residual nodal e a contagem de saltos para o protocolo proposto de encaminhamento sensível ao espetro e à energia (SER). O protocolo combina o espetro e a descoberta de rotas para estabelecer comunicações em redes sem fios heterogéneas sem qualquer entidade central. O nosso protocolo equilibra a carga de tráfego entre os diferentes utilizadores de CR de acordo com a energia residual da sua bateria nodal e prolonga o tempo de vida de cada utilizador de CR e das redes em geral. O protocolo SER explora os recursos temporais e de frequência para melhorar significativamente o desempenho da rede sem qualquer interferência prejudicial para as PU.

Por fim, demonstrámos o desempenho do protocolo proposto através de simulações em computador. Os resultados de simulações extensas demonstram que a nossa conceção integrada de protocolos MAC e de encaminhamento pode utilizar eficientemente os recursos disponíveis para melhorar o desempenho dos CRAN. O nosso protocolo proporciona um menor atraso médio das mensagens, menor sobrecarga de encaminhamento normalizada, menor consumo de energia/pacote e menor sobrecarga de controlo. Por outro lado, garante um maior rendimento do sistema, uma taxa de sucesso de encaminhamento mais elevada, um rácio mais elevado de nós sobreviventes e um tempo de vida mais longo da rede.

6.2 Trabalhos futuros

A pesquisa realizada nesta dissertação abre novos horizontes para trabalhos futuros. Apresentam-se de seguida algumas direcções possíveis para alargar os estudos realizados nesta dissertação.

- Comprimento do quadro dinâmico

O comprimento fixo da janela ATIM na fase de reserva pode limitar a utilização do canal. O comprimento da moldura pode ser ajustado dinamicamente com a regra de ajuste do tamanho da janela inteligente. No futuro, o protocolo SER pode ser alargado com o comprimento dinâmico da janela com base na carga de tráfego da rede, de modo a permitir mais transmissões bem sucedidas para alcançar um maior rendimento do sistema.

- Gestão de canais com eficiência energética para deteção cooperativa

A deteção de canais é uma operação obrigatória nas redes CR. Uma deteção de canal eficiente em termos energéticos e técnicas de comutação de canal podem ajudar a aumentar o tempo de vida da rede. No futuro, tentaremos incorporar no nosso protocolo SER qualquer esquema de gestão de canais eficiente em termos energéticos para a deteção cooperativa de canais

- Controlo de potência distribuída

Como a maioria dos dispositivos sem fios são alimentados por bateria, é desejável que os protocolos para as CRAN sejam eficientes em termos energéticos. Um mecanismo de controlo de energia distribuído pode ser associado ao nosso protocolo SER proposto para reduzir ainda mais o consumo de energia de cada nó, de modo a que o tempo de vida da rede possa ser novamente prolongado.

- Encaminhamento multipercurso disjunto de nós

O encaminhamento multipercurso em redes multicanais tem um grande potencial para atingir um desempenho superior. Embora o SER seja um protocolo de encaminhamento multipercurso, o seu desempenho não foi testado para o caso de multipercurso disjunto dos nós. Acreditamos que o multipercurso disjunto ou maximamente disjunto dos nós pode ser utilizado simultaneamente para a transmissão de dados. No futuro, o protocolo SER pode ser testado para o encaminhamento multipercurso maximamente disjunto para aumentar a robustez do protocolo SER.

- Conceção e otimização entre camadas

O protocolo SER pode ser alargado para minimizar o consumo de energia, bem como para manter determinados requisitos de QoS, como um problema de otimização entre camadas. Este problema pode ser formulado como uma programação não linear inteira mista (MINLP) e pode ser resolvido através de qualquer heurística eficiente.

Bibliografia

[1] J. Mitola III, "Cognitive radio: An integrated agent architecture for software defined radio", dissertação de doutoramento, KTH Royal Institute of Technology, Estocolmo, Suécia, maio de 2000.

[2] S. Haykin, "Cognitive radio: Brain-empowered wireless communications," *IEEE Journal on Selected Areas in Communications,* vol. 23, no. 2, pp. 201220, fevereiro de 2005.

[3] C. Cordeiro, K. Challapali, and D. Birru, "IEEE 802.22: An introduction to the first wireless standard based on cognitive radios," *Journal of Communications*, vol. 1, no. 1, pp. 38-47, abril de 2006.

[4] Q. Zhao e B. M. Sadler, "A survey of dynamic spectrum access," *IEEE Signal Processing Magazine*, vol. 24, no. 3, pp. 79-89, maio de 2007.

[5] I. F. Akyildiz, W.-Y. Lee, M. C. Vuran e S. Mohanty, "Next genera- tion/dynamic spectrum access/cognitive radio wireless networks: A survey", *Computer Networks*, vol. 50, no. 13, pp. 2127-2159, setembro de 2006.

[6] S. Huang, X. Liu e Z. Ding, "Opportunistic spectrum access in cognitive radio networks", em *Proc. IEEE International Conference on Computer Communications (IEEE INFOCOM'08)*, Phoenix, AZ, EUA, abril de 2008, pp. 2101-2109.

[7] P. Pawelczak, S. Pollin, H.-S. W. So, A. R. S. Bahai, R. V. Prasad e R. Hekmat, "Performance analysis of multichannel medium access control algorithms for opportunistic spectrum access", *IEEE Transactions on Vehicular Technology*, vol. 58, n.º 6, pp. 3014-3031, julho de 2009.

[8] FCC, "Second report and order", ET Docket No. FCC 08-260, novembro de 2008.

[9] --, "Second memorandum opinion and order," ET Docket No. FCC 10-174, setembro de 2010.

[10] IEEE, "IEEE 802.22 working group on wireless regional area networks". [Online]. Disponível: http://www.ieee802.org/22/

[11] --, "Grupo de trabalho IEEE 802.11 sobre redes locais sem fios". [Online]. Disponível: http://www.ieee802.org/11/

[12] J. Wang *et al.*, "First cognitive radio networking standard for per- sonal/portable devices in TV white spaces," in *Proc. IEEE International Symposium on New Frontiers in Dynamic Spectrum Access Networks (IEEE DyS- PAN'10)*, Singapura, abril de 2010, pp. 1-12.

[13] I. F. Akyildiz, W.-Y. Lee, e K. R. Chowdhury, "CRAHNs: Cognitive radio ad hoc networks," *Ad Hoc Networks*, vol. 7, no. 5, pp. 810-836, julho de 2009.

[14] R. W. Thomas, L. A. Dasilva e A. B. Mackenzie, "Cognitive networks", em *Proc. IEEE International Symposium on New Frontiers in Dynamic Spectrum Access Networks (IEEE DySPAN'05)*, Baltimore, MD, EUA, novembro de 2005, pp. 352-360.

[15] K.-C. Chen, Y.-J. Peng, N. Prasad, Y.-C. Liang, e S. Sun, "Cognitive radio network architecture: Parte I - Estrutura geral", em *Proc. ACM International Conference on Ubiquitous Information Management and Communication (ACM ICUIMC'08)*, Suwon, Coreia, janeiro de 2008, pp. 114-119.

[16] W. S. Jeon e D. G. Jeong, "An advanced quiet period management scheme for cognitive radio systems," *IEEE Transactions on Vehicular Technology*, vol. 59, no. 3, pp. 1242-1256, março de 2010.

[17] K. W. Choi, W. S. Jeon, e D. G. Jeong, "Sequential detection of cyclosta- tionary signal for cognitive radio systems," *IEEE Transactions on Wireless Communications*, vol. 8, no. 9, pp. 4480-4485, setembro de 2009.

[18] Y.-C. Liang, Y. Zeng, E. C. Y. Peh, e A. T. Hoang, "Sensing-throughput tradeoff for cognitive radio networks," *IEEE Transactions on Wireless Communications*, vol. 7, no. 4, pp. 1326-1337, abril de 2008.

[19] H. Jiang, L. Lai, R. Fan, e H. V. Poor, "Optimal selection of channel sensing order in cognitive radio," *IEEE Transactions on Wireless Communications*, vol. 8, no. 1, pp. 297-307, janeiro de 2009.

[20] R. Urgaonkar e M. J. Neely, "Opportunistic scheduling with reliability guarantees in cognitive radio networks", *IEEE Transactions on Mobile Computing*, vol. 8, n.º 6, pp. 766-777, junho de 2009.

[21] I. F. Akyildiz, W.-Y. Lee, M. C. Vuran, e S. Mohanty, "A survey on spectrum management in cognitive radio networks," *IEEE Communications Magazine,* vol. 46, no. 4, pp. 40-48, abril de 2008.

[22] A. D. Domenico, E. C. Strinati, e M.-G. D. Benedetto, "A survey on MAC strategies for cognitive radio networks", *IEEE Communications Surveys and Tutorials, aceite para publicação*, 2011. [Online]. Available: http://dx.doi.org/10.1109/SURV.2011.111510.00108

[23] T. Vamsi Krishna e A. Das, "A survey on MAC protocols in OSA networks," *Computer Networks*, vol. 53, n.º 9, pp. 1377-1394, junho de 2009.

[24] C. Cormio e K. R. Chowdhury, "A survey on MAC protocols for cognitive radio networks", *Ad Hoc Networks*, vol. 7, n.º 7, pp. 1315-1329, setembro de 2009.

[25] M. D. Felice, K. R. Chowdhury, W. Kim, A. J. Kassler e L. Bononi, "End- to-end protocols for cognitive radio ad hoc networks: An evaluation study," *Performance Evaluation*, vol. 68, no. 9, pp. 859-875, setembro de 2011.

[26] M. Cesana, F. Cuomo, e E. Ekici, "Routing in cognitive radio networks: Challenges and solutions," *Ad Hoc Networks*, vol. 9, no. 3, pp. 228-248, maio de 2011.

[27] Q. Guan, F. Yu, S. Jiang e G. Wei, "Prediction-based topology control and routing in cognitive radio mobile ad hoc networks", *IEEE Transactions on Vehicular Technology*, vol. 59, n.º 9, pp. 4443-4452, novembro de 2010.

[28] A. Raniwala, K. Gopalan e T. Chiueh, "Centralized channel assignment and routing algorithms for multi-channel wireless mesh networks", *SIGMO-*

BILE Mobile Computing and Communications Review, vol. 8, no. 2, pp. 50-65, abril de 2004.

[29] S. Gao, L. Qian e D. R. Vaman, "Distributed energy efficient spectrum access in cognitive radio wireless ad hoc networks", *IEEE Transactions on Wireless Communications*, vol. 8, n.º 10, pp. 5202-5213, outubro de 2009.

[30] G. Cheng, W. Liu, Y. Li, e W. Cheng, "Joint on-demand routing and spectrum assignment in cognitive radio networks," in *Proc. IEEE International Conference on Communications (IEEE ICC'07)*, Glasgow, Escócia, junho de 2007, pp. 6499-6503.

[31] A. Sampath, L. Yang, L. Cao, H. Zheng e B. Y. Zhao, "High throughput spectrum-aware routing for cognitive radio networks", em *Proc. International Conference on Cognitive Radio Oriented Wireless Networks and Communications (CrownCom'08)*, Singapura, maio de 2008.

[32] L. Ding, T. Melodia, S. N. Batalama, J. D. Matyjas, e M. Medley, "Crosslayer routing and dynamic spectrum allocation in cognitive radio ad hoc networks," *IEEE Transactions on Vehicular Technology*, vol. 59, no. 4, pp. 19691979, maio de 2010.

[33] K. R. Chowdhury e I. F. Akyildiz, "CRP: A routing protocol for cognitive radio ad hoc networks," *IEEE Journal on Selected Areas in Communications*, vol. 29, no. 4, pp. 794-804, abril de 2011.

[34] T. Fujii e Y. Yamao, "Multi-band routing for ad hoc cognitive radio networks", em *Proc. SDR Technical Conference and Product Exposition (SDR'06)*, Orlando, Florida, EUA, novembro de 2006.

[35] H. Ma, L. Zheng, X. Ma, e Y. Luo, "Spectrum aware routing for multi-hop cognitive radio networks with a single transceiver," in *Proc. International Conference on Cognitive Radio Oriented Wireless Networks and Communications (CrownCom'08)*, Singapura, maio de 2008.

[36] S. M. Kamruzzaman e D. G. Jeong, "Routing protocols for cognitive radio networks: A survey", *Journal of Information Industrial Engineering*, vol. 16, pp. 153-169, agosto de 2010.

[37] S. M. Kamruzzaman, E. Kim, e D. G. Jeong, "A multichannel MAC scheme for cognitive radio ad hoc networks," *em preparação*, outubro de 2011.

[38] --, "Energy-aware routing protocol for cognitive radio ad hoc networks," *IET Communications, submetido*, setembro de 2011.

[39] --, "Spectrum and energy aware routing protocol for cognitive radio ad hoc networks," in *Proc. IEEE International Conference on Communications (IEEE ICC'11)*, Kyoto, Japão, junho de 2011, pp. 1-5.

[40] --, "An energy efficient qos routing protocol for cognitive radio ad hoc networks," in *Proc. IEEE*

International Conference on Advanced Communication Technology (ICACT'11), Phoenix Park, Pyeongchang, Coreia, fevereiro de 2011, pp. 344-349.

[41] S. Y. Lien, C. C. Tseng e K. C. Chen, "Carrier sensing based multiple access protocols for cognitive radio networks," in *Proc. IEEE International Conference on Communications (IEEE ICC'08)*, Beijing, China, maio de 2008, pp. 3208-3214.

[42] C. Cordeiro, K. Challapali, e M. Ghosh, "Cognitive PHY and MAC layers for dynamic spectrum access and sharing of TV bands," in *Proc. ACM International Workshop on Technology and Policy for Accessing Spectrum (IEEE TAPAS'06)*, Boston, Massachusetts, EUA, agosto de 2006.

[43] C. Zou e C. Chigan, "On game theoretic DSA-driven MAC for cognitive radio networks", *Computer Communications,* vol. 32, no. 18, pp. 1944-1954, dezembro de 2009.

[44] Q. Zhao, L. Tong, A. Swami e Y. Chen, "MAC cognitivo descentralizado para acesso oportunista ao espetro em redes ad hoc: A POMDP framework," *IEEE Journal on Selected Areas in Communications*, vol. 25, no. 3, pp. 589600, abril de 2007.

[45] L. Le e E. Hossain, "OSA-MAC: A MAC protocol for opportunistic spectrum access in cognitive radio networks", em *Proc. IEEE Wireless Communications and Networking Conference (IEEE WCNC'08)*, Las Vegas, EUA, março de 2008, pp. 1426-1430.

[46] J. Jia, Q. Zhang e X. Shen, "HC-MAC: A hardware-constrained cognitive MAC for efficient spectrum management", *IEEE Journal on Selected Areas in Communications*, vol. 26, no. 1, pp. 106-117, janeiro de 2008.

[47] C. Cordeiro e K. Challapali, "C-MAC: A cognitive MAC protocol for multichannel wireless networks," in *Proc. IEEE International Symposium on New Frontiers in Dynamic Spectrum Access Networks (IEEE DySPAN'07)*, Dublin, Irlanda, abril de 2007, pp. 147-157.

[48] M. Timmers, S. Pollin, A. Dejonghe, L. Van Der Perre, e F. Catthoor, "A distributed multichannel MAC protocol for multihop cognitive radio networks," *IEEE Transactions on Vehicular Technology,* vol. 59, no. 1, pp. 446459, janeiro de 2010.

[49] Y. Wang, P. Ren e G. Wu, "A throughput-aimed MAC protocol with QoS provision for cognitive ad hoc networks." *IEICE Transactions on Communications*, vol. E93-B, n.º 6, pp. 1426-1429, junho de 2010.

[50] H. B. Salameh e M. Krunz, "Adaptive power-controlled MAC protocols for improved throughput in hardware-constrained cognitive radio networks", *Ad Hoc Networks*, vol. 9, n.º 7, pp. 1127-1139, setembro de 2011.

[51] S. C. Jha, U. Phuyal, M. M. Rashid, e V. K. Bhargava, "Design of OMC- MAC: An opportunistic multi-channel MAC with QoS provisioning for distributed cognitive radio networks," *IEEE*

Transactions on Wireless Communications, vol. 10, no. 10, pp. 3414-3425, outubro de 2011.

[52] Y. R. Kondareddy e P. Agrawal, "Synchronized MAC protocol for multihop cognitive radio networks," in *Proc. IEEE International Conference on Communications (IEEE ICC'08)*, Beijing, China, maio de 2008, pp. 3198-3202.

[53] H. Su e X. Zhang, "Cross-layer based opportunistic MAC protocols for QoS provisionings over cognitive radio wireless networks," *IEEE Journal on Selected Areas in Communications*, vol. 26, no. 1, pp. 118-129, janeiro de 2008.

[54] L. Ma, X. Han e C. Shen, "Dynamic open spectrum sharing MAC protocol for wireless ad hoc networks", em *Proc. IEEE International Symposium on New Frontiers in Dynamic Spectrum Access Networks (IEEE DySPAN'05)*, Baltimore, MD, EUA, novembro de 2005, pp. 203-213.

[55] T. Chen, H. Zhang, G. M. Maggio, e I. Chlamtac, "CogMesh: A clusterbased cognitive radio network", em *Proc. IEEE International Symposium on New Frontiers in Dynamic Spectrum Access Networks (IEEE DySPAN'07)*, Dublin, Irlanda, abril de 2007, pp. 168-178.

[56] X. Zhang e H. Su, "CREAM-MAC: Cognitive radio-enabled multi-channel MAC protocol over dynamic spectrum access networks", *IEEE Journal on Selected Topics in Signal Processing*, vol. 5, no. 1, pp. 110-123, fevereiro de 2011.

[57] C. Xin, B. Xie, e C.-C. Shen, "A novel layered graph model for topology formation and routing in dynamic spectrum access networks", in *Proc. IEEE International Symposium on New Frontiers in Dynamic Spectrum Access Networks (IEEE DySPAN'05)*, Baltimore, MD, EUA, novembro de 2005, pp. 308-317.

[58] X. Zhou, L. Lin, J. Wang e X. Zhang, "Cross-layer routing design in cognitive radio networks by colored multigraph model," *Wireless Personal Communications*, vol. 49, n.º 1, pp. 123-131, abril de 2009.

[59] Y. T. Hou, Y. Shi e H. D. Sherali, "Optimal spectrum sharing for multi-hop software defined radio networks", em *Proc. IEEE International Conference on Computer Communications (IEEE INFOCOM'07)*, Anchorage, Alasca, EUA, maio de 2007, pp. 1-9.

[60] --, "Spectrum sharing for multi-hop networking with cognitive radios," *IEEE Journal on Selected Areas in Communications,* vol. 26, no. 1, pp. 146155, janeiro de 2008.

[61] M. Ma e D. Tsang, "Joint spectrum sharing and fair routing in cognitive radio networks", em *Proc. IEEE Consumer Communications and Networking Conference (IEEE CCNC'08)*, Las Vegas, Nevada, EUA, janeiro de 2008, pp. 978-982.

[62] C. W. Pyo e M. Hasegawa, "Minimum weight routing based on a common link control radio for cognitive wireless ad hoc networks," in *Proc. ACM International Conference on Wireless*

Communications and Mobile Computing (ACM IWCMC'07), Honolulu, Hawaii, EUA, agosto de 2007, pp. 399-404.

[63] M. Xie, W. Zhang, e K.-K. Wong, "A geometric approach to improve spectrum efficiency for cognitive relay networks," *IEEE Transactions on Wireless Communications*, vol. 9, no. 1, pp. 268-281, janeiro de 2010.

[64] G. Cheng, W. Liu, Y. Li, e W. Cheng, "Spectrum aware on-demand routing in cognitive radio networks," in *Proc. IEEE International Symposium on New Frontiers in Dynamic Spectrum Access Networks (IEEE DySPAN'07)*, Dublin, Irlanda, abril de 2007, pp. 571-574.

[65] Z. Yang, G. Cheng, W. Liu, W. Yuan e W. Cheng, "Local coordination based routing and spectrum assignment in multi-hop cognitive radio networks", *Mobile Networks and Applications*, vol. 13, n.º 1-2, pp. 67-81, abril de 2008.

[66] H.-P. Shiang e M. van der Schaar, "Distributed resource management in multi-hop cognitive radio networks for delay-sensitive transmission," *IEEE Transactions on Vehicular Technology,* vol. 58, n.º 2, pp. 941-953, fevereiro de 2009.

[67] B. Zhang, Y. Takizawa, A. Hasagawa, A. Yamaguchi e S. Obana, "Treebased routing protocol for cognitive wireless access networks", em *Proc. IEEE Wireless Communications and Networking Conference (IEEE WCNC'07)*, Hong Kong, março de 2007, pp. 4207-4211.

[68] G.-M. Zhu, I. F. Akyildiz, e G.-S. Kuo, "STOD-RP: A spectrum-tree based on-demand routing protocol for multi-hop cognitive radio networks," in *Proc. IEEE Global Communications Conference (IEEE GLOBECOM'08)*, New Orleans, LA, USA, November 2008, pp. 3086 3000.

[69] H. Khalife, S. Ahuja, N. Malouch e M. Krunz, "Probabilistic path selection in opportunistic cognitive radio networks", em *Proc. IEEE Global Communications Conference (IEEE GLOBECOM'08)*, Nova Orleães, LA, EUA, novembro de 2008, pp. 4861-4865.

[70] L. Ding, T. Melodia, S. Batalama, e M. J. Medley, "ROSA: Encaminhamento conjunto distribuído e atribuição dinâmica de espetro em redes ad hoc de rádio cognitivo," in *Proc. Conferência Internacional ACM sobre Modelação, Análise e Simulação de Sistemas Móveis e Sem Fios (ACM MSWiM'09)*, Tenerife, Ilhas Canárias, Espanha, outubro de 2009, pp. 13-20.

[71] W. Feng, J. Cao, C. Zhang, e C. Liu, "Joint optimization of spectrum handoff scheduling and routing in multi-hop multi-radio cognitive networks," in *Proc. IEEE International Conference on Distributed Computing Systems(IEEE ICDCS'09)*, Montreal, Quebec, Canada, June 2009, pp. 85-92.

[72] A. Abbagnale e F. Cuomo, "Gymkhana: A connectivity-based routing scheme for cognitive radio ad hoc networks", em *Proc. IEEE International Conference on Computer Communications (IEEE INFOCOM'10)*, San Diego, CA, EUA, março de 2010, pp. 1-5.

[73] I. Filippini, E. Ekici, e M. Cesana, "Minimum maintenance cost routing in cognitive radio networks," in *Proc. IEEE International Conference on Mobile Adhoc and Sensor Systems (IEEE MASS'09)*, Macau, China, outubro de 2009, pp. 284-293.

[74] IEEE, "IEEE standard for wireless LAN medium access control (MAC) and physical layer (PHY) specifications", IEEE 802.11 (revisto), 2007.

[75] G. Bianchi, "Performance analysis of the IEEE 802.11 distributed coordination function," *IEEE Journal on Selected Areas in Communications*, vol. 18, no. 3, pp. 535-547, março de 2000.

[76] S. Fourati, S. Hamouda, e S. Tabbane, "A cooperative incumbent user detection for cognitive MAC protocol," in *Proc. IEEE Vehicular Technology Conference (IEEE VTC Spring'11)*, Budapeste, Hungria, maio de 2011, pp. 1-5.

[77] S. Lim e T.-J. Lee, "A self-scheduling multi-channel cognitive radio MAC protocol based on cooperative communications," *IEICE Transactions on Communications*, vol. 94-B, no. 6, pp. 1657-1668, June 2011.

[78] C. E. Perkings, E. M. Belding-Royer, e S. R. Das, "Ad hoc on- demand distance vectoring (AODV) routing," IETF Internet draft, fevereiro de 2003. [Online]. Disponível: http://www.ietf.org/internetdrafts/draft-ietf- manet-aodv-13.txt

[79] J. Broch, D. B. Johnson e D. A. Maltz, "The dynamic source routing protocol for mobile ad hoc networks", projeto de Internet da IETF, julho de 2004. [Online]. Disponível: http://www.ietf.org/internet-drafts/draft-ietf-manet-dsr-10.txt

[80] J. Kim e M. Krunz, "Spectrum-aware beaconless geographical routing protocol for mobile cognitive radio networks", em *Proc. IEEE Global Communications Conference (IEEE GLOBECOM'11), a publicar*, Huston, Texas, EUA, dezembro de 2011.

[81] C. Han *et al.*, "Green radio: Radio techniques to enable energy efficient wireless networks," *IEEE Communications Magazine, Special Issue: Green Communications,* vol. 49, n.º 6, pp. 46-54, junho de 2011.

[82] A. S. Cacciapuoti, M. Caleffi, e L. Paura, "Reactive routing for mobile cognitive radio ad hoc networks," *Ad Hoc Networks, artigo no prelo*, 2011.

[83] K. C. How, M. Ma, e Y. Qin, "Routing and QoS provisioning in cognitive radio networks", *Computer Networks*, vol. 55, n.º 1, pp. 330-342, janeiro de 2011.

[84] K. R. Chowdhury e M. D. Felice, "Search: A routing protocol for mobile cognitive radio ad-hoc networks", *Computer Communications*, vol. 32, no. 18, pp. 1983-1997, dezembro de 2009.

[85] S.-C. Lin e K.-C. Chen, "Spectrum aware opportunistic routing in cognitive radio networks," in *Proc. IEEE Global Communications Conference (IEEE GLOBECOM'10)*, Miami, Florida, USA,

December 2010, pp. 1-6.

[86] S. Ju e J. B. Evans, "Scalable cognitive routing protocol for mobile ad-hoc networks", em *Proc. IEEE Global Communications Conference (IEEE GLOBE- COM'10),* Miami, Florida, EUA, dezembro de 2010, pp. 1-6.

[87] S. Mueller, R. P. Tsang e D. Ghosal, "Multipath routing in mobile ad hoc networks : Issues and challenges", *Performance Tools and Applications to Networked Systems, LNCS*, vol. 2965, pp. 209-234, maio de 2004.

[88] I. Beltagy, M. Youssef, e M. N. El-Derini, "A new routing metric and protocol for multipath routing in cognitive networks." in *Proc. IEEE Wireless Communications and Networking Conference (IEEE WCNC'11)*, Quintana- Roo, México, março de 2011, pp. 974-979.

[89] W. S. Jeon, J. A. Han, e D. G. Jeong, "A novel MAC scheme for multichannel cognitive radio ad hoc networks," *IEEE Transactions on Mobile Computing, aceite para publicação*, 2011.

[90] J.-C. Cano e P. Manzoni, "A performance comparison of energy consumption for mobile ad hoc network routing protocols", em *Proc. International Symposium on Modeling, Analysis and Simulation of Computer and Telecommunication Systems (MASCOTS'00)*, São Francisco, Califórnia, EUA, agosto de 2000, pp. 57-63.

Printed by Books on Demand GmbH, Norderstedt / Germany